탈무드는 어떻게 유대인들의
생존 무기가 되었을까

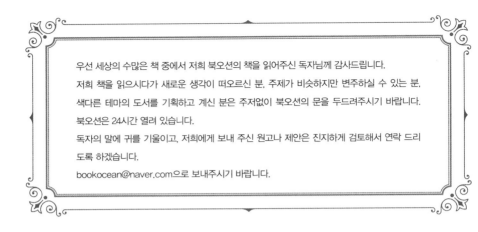

우선 세상의 수많은 책 중에서 저희 북오션의 책을 읽어주신 독자님께 감사드립니다.

저희 책을 읽으시다가 새로운 생각이 떠오르신 분, 주제가 비슷하지만 변주하실 수 있는 분,

색다른 테마의 도서를 기획하고 계신 분은 주저없이 북오션의 문을 두드려주시기 바랍니다.

북오션은 24시간 열려 있습니다.

독자의 말에 귀를 기울이고, 저희에게 보내 주신 원고나 제안은 진지하게 검토해서 연락 드리

도록 하겠습니다.

bookocean@naver.com으로 보내주시기 바랍니다.

탈무드는 어떻게 유대인들의
생존 무기가 되었을까

초판 1쇄 인쇄 | 2019년 5월 30일
초판 1쇄 발행 | 2019년 6월 05일

편역자 | 이동연
펴낸이 | 박영욱
펴낸곳 | 북오션

편 집 | 이상모
마케팅 | 최석진
디자인 | 서정희·민영선

주 소 | 서울시 마포구 월드컵로 14길 62
이메일 | bookocean@naver.com
네이버포스트 | m.post.naver.com('북오션' 검색)
전 화 | 편집문의: 02-325-9172   영업문의: 02-322-6709
팩 스 | 02-3143-3964

출판신고번호 | 제313-2007-000197호

ISBN 978-89-6799-476-1 (03190)

유대인의 인생 지혜 교과서 탈무드
그림과 함께 쉽게 읽는 365

이동연 편역

탈무드는 어떻게 유대인들의
생존 무기가 되었을까

콜럼버스, 모차르트, 베토벤, 처칠, 데카르트, 헤겔
프로이트, 칼 마르크스, 피카소, 아인슈타인, 스티븐 스필버그
그들은 모두 유대인이었고 인류의 역사를 지배했다

북오션
콘텐츠그룹

탈무드에 지혜는 들어 있지만 진리가 들어 있지는 않다

탈무드는 기원전 5백 년부터 기원 후 5백 년까지 유대인들에게서 구전되어 오던 이야기들을 정리한 방대한 책이다. 그것도 한 권의 책이 아니라 20권 1만2천 페이지에 달한다. 유대인들은 탈무드를 공부하는 것을 일생의 업으로 삼을 정도다.

유대인은 탈무드를 혼자 공부하지 않는다. 유대인의 도서관을 가보면 다른 도서관들과 다른 점이 느껴진다. 바로 굉장히 소란스럽다는 것이다. 그러나 아무도 그 소란에 신경 쓰지 않는다. 그 소란이 바로 '공부' 소리이기 때문이다. 도서관에서 유대인들은 둘 이상씩 짝을 지어, 한 가지 문제를 가지고 서로 의견을 주고받으며 진리를 찾아내려 한다.

진리는 토론하는 각자의 머릿속에서 나오는 것이지, 탈무드를 읽는다고 바로 알 수 있는 게 아니다. 그래서 탈무드에 '지혜는 들어 있지만 진리가 들어 있지는 않다'고 한 것이다. 탈무드에는 여러 가지 이야기가 있다. 그중에는 유머러스한 랍비의 이

야기를 비롯해 판결문도 있고, 토론 내용을 정리한 것도 있다.

또한 토론은 하지만 결론을 내지 않는 이야기도 있다. 답은 각자가 찾는 것이란 의미를 내포하고 있는 것이다.

이 책에는 탈무드의 명언과 유머, 짧은 이야기들이 365개나 망라되어 있다. 물론 이 이야기 자체가 진리는 아니다. 유대인들이 탈무드를 읽고 토론하듯이 하루에 한 개씩 읽고 깊이 생각해보며 스스로 진리를 찾는 것이 이 책의 사용법이다. 책 속에는 짧지만 깊이 생각해야 하는 이야기가 있는 반면에, 사람에 따라서는 한 번 웃고 넘기면 그만인 이야기도 있다.

이 책이 어떻게 사용되는지는 모두 독자에게 달려 있다. 부디 모두가 진리를 찾기 바란다.

이동연

차 례

제2장
사랑의 지혜

제1장

인생의 지혜

인간은 세 종류의 이름을 갖는다. 태어났을 때 부모로부터 받는 이름과 친구들이 붙여준 별명, 그리고 생애를 끝마쳤을 때 받는 명성이 바로 그것이다.

001
인간 내면에는 동물과 천사가 산다

인간은 천사의 네 가지 품성과 동물의 네 가지 특징을 동시에 지니고 있다. 먼저 인간이 동물과 같은 점은 '먹고, 마시며, 출산하고, 죽는다'는 사실이다. 또한 인간이 천사와 같은 점은 '직립 보행을 하고 말하며 사고를 통해 물체의 정면과 측면을 동시에 바라볼 수 있다는 사실이다.

002
• 랍비와 현명한 아내

안식일에 랍비가 교회에서 설교를 하고 있는 동안, 집에 있던 그의 두 아이가 갑자기 죽는 일이 발생했다. 랍비의 아내는 아이들의 시신을 2층으로 옮겨놓고, 흰 천으로 덮어두었다. 랍비가 집에 돌아오자 아내가 조심스럽게 물었다.

"당신에게 한 가지 물어봐야 할 게 있어요."

아내의 느닷없는 말에 랍비는 어리둥절한 표정을 지으며 되물었다.

"무슨 일인데, 그렇게 정색을 하고 그러시오?"

아내가 대답했다.

"얼마 전에 어떤 젊은이 귀중한 보석을 맡기면서 잘 보관해달라고 했는데, 오늘 갑자기 다시 나타나서는 그것을 돌려달라고 하더군요. 그래서 돌려주었어요. 내 행동이 잘한 것인지 알고 싶어요."

랍비는 별것도 아닌 일을 가지고 도리어 심각하게 질문하는 아내가 실없다고 생각하며 대답했다.

"보석을 맡긴 주인이 돌려달라고 하면, 언제라도 돌려주는 게 도리 아니요?"

그러자 그의 아내가 참았던 울음을 터뜨리며 말했다.

"하느님이 우리에게 준 귀중한 보석 두 개를 다시 돌려달라고 하면서 오늘 가지고 갔어요."

그제야 랍비는 아내의 말뜻을 알아차리고 아무런 말도 하지 않았다.

003
• 토라의 의미

유대인이 하느님을 찬미하는 최고의 행위는 바로 공부하는 것이다. '공부는 올바른 행동을 만든다'라는 격언처럼 유대인은 이를 반드시 명심해야 할 금언으로 따른다.

즉 하느님을 '공경한다'는 것은 '배운다'와 같은 뜻이다. 인간에게 있어 예배란 단지 기도하는 일만이 아닌 '토라'를 배우는 것이다.

004
• 유대인의 첫 수업

유대인 아이들의 '첫 수업' 광경은 매우 흥미롭다. 먼저 아이들은 가장 좋은 옷을 입고 랍비나 학식이 높은 선생님과 함께 교실로 들어간다. 교실에 들어서면 깨끗한 석판에 꿀로 써진 히브리어와 짤막한 〈성경〉 구절이 보인다.

자연스레 아이들은 석판에 발라진 꿀

을 먹으면서 히브리어를 배운다. 그리고 선생님들과 함께 과자와 사과, 호두를 먹으며 즐거운 시간을 보낸다. 이를 통해 아이들은 '지식은 꿀처럼 달콤하다'는 사실을 제 스스로 깨우친다.

005
• 유대인에 대한 오해와 진실

유대 민족은 오랜 세월에 걸쳐 다른 민족에게 온갖 박해와 학살을 당한 슬픈 역사를 가지고 있다. 그러나 이들에게서는 증오에 찬 문학작품이나 문헌을 찾아볼 수가 없다.

유대인들은 마음속에 뼈에 사무치는 증오심을 새기지 않는 민족이기 때문이다. 나치에 의해 수백만의 동족이 비참하게 학살당했으나 독일을 반대하거나 독일 민족을 저주하는 책은 발견되지 않는다.

셰익스피어의 작품 《베니스의 상인》에 나오는 유대인 고리대금업자 샤일록은 증오심에 불타 "돈을 갚지 못하면 네 심장에서 1파운드의 살을 도려내라"고 하는데, 이는 실제 유대인으로서는 상상조차 할 수 없는 꾸며진 이야기일 따름이다. 오히려 유대인은 동정심이 많고 신뢰할 수 있는 민족이다. 늘 마음이 온후하다고 알려져 있는 유대인은 슬픈 사정을 들으면 반드시 동정의 마음을 베풀어 줄 것이다.

〈성경〉의 신약을 보면 예루살렘의 환전상은 대부분 유대인들이 운영하고 있다고 기록되어 있다. 그리고 돈을 '악'의 근원으로 보는 경향이 있으나 사실 유대인들은 돈을 악이라고는 생각하지 않는다. 유대인들은 가지고 있던 돈을 강탈당해도 그를 벌하려 하지 않는다. 범인을 찾아 벌하기보다는 그로부터 돈을 되돌려 받는 것에 더 마음을 쓴다. 돈으로 받는 대신에 자동차나 시계를 취하기는 하지만, 심장을 도려내는 것처럼 쓸데없고 어리석은 짓은 하지 않는다.

〈탈무드〉는 모든 인간은 한 가족이며 더 나아가 커다란 '한 덩어리임'을 강조하고 있다. 즉 자신의 오른손이 무엇인가를 만들고 있을 때 왼손을 베었다고 해서, 왼손이 앙갚음으로 오른손을 벤다는 일은 있을 수 없다는 것이다.

006
인간을 늙게 하는 것

공포, 분노, 자녀 그리고 '악처'라는 네 가지 요소는 인간을 빨리 늙게 한다.

007
진정한 축복

화물을 가득 실은 두 척의 배가 항만에 정박해 있었다. 그 중 한 척은 막 출항 채비를 하고 있었고, 또 한 척은 방금 항구에 입항한 상태였다. 대부분은 출항하는 배를 떠들썩하게 환송하지만 오히려 우리는 입항한 배를 축하해야 한다.

출항하는 배의 앞날은 풍랑을 만나 어떤 고난을 당할지도 모른다. 그런데도 떠들썩하게 환송하는 것은 이상하다. 하지만 오랜 항해를 끝내고 무사히 귀항한 배는 진정으로 기쁘게 영접해주어야 한다. 이 배야말로 어려운 모든 역경을 뚫고 맡은 바 책임을 완수했기 때문이다.

우리는 갓 태어난 아이에게 많은 축복을 보낸다. 하지만 갓 태어난 아이야말로 앞으로 자라나면서 어떠한 고난을 겪을지,

또는 얼마 못 살고 도중에 죽을지, 아니면 흉포한 살인범이 될지 아무도 모른다.

진정한 축복은 인간이 죽음이란 영원한 잠에 들어갈 때 보내야 한다. 그가 험난한 인생을 어떻게 헤치며 살아왔는지를 많은 인간들이 알고 있으므로, 이때에야말로 진정한 축복을 보내야 하는 것이다.

008
진짜 강자

만약 네가 동료에게 작은 잘못이라도 저질렀다면 네게 그 일은 매우 심각해보일 것이다. 그러나 반대로 네가 동료에게 좋은 일을 많이 했다면 네게 그 일은 그다지 대단해보이지 않을 것이다.

반면에 네가 동료에게 약간의 도움을 준다면 네게는 대단한 일처럼 보일 것이다. 하지만 네 동료가 네게 나쁜 짓을 저질렀다면 네 눈에 그 일은 그다지 커 보이지 않을 것이다.

진짜 강자란 어떤 자일까? 바로 적을 친구로 삼는 자다.

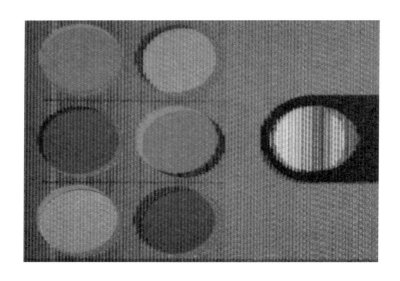

009
● 필연은 우연을 통해 온다

솔로몬 왕에게는 아주 귀엽고 영리한 딸이 하나 있었다. 어느 날, 솔로몬 왕이 잠을 자는데, 딸의 신랑 될 인간의 모습이 꿈속에 나타났다. 그런데 그 모습이 자기 딸과는 영 어울리지 않아 보였다.

솔로몬 왕은 두 인간의 결합이 정녕 하늘의 뜻인지를 시험해보기로 작정했다. 그리하여 자신의 딸을 작은 외딴 섬에 있는 별궁으로 보낸 다음, 다른 인간과의 접촉을 금지시켰다. 별궁 주위에는 담을 높게 둘러친 것을 비롯하여 경비병을 빽빽이 배치해놓았고, 별궁 출입문 열쇠까지 회수했다.

한편, 솔로몬 왕이 꿈속에서 보았던 청년은 홀로 들판을 헤매고 있었다. 그러다가 날이 저물어 추워지자, 죽은 사자의 사체 속에 들어가 잠을 잤다.

그때 커다란 새가 날아와 사자를 낚아채어 날아갔다. 그러나 하늘을 날던 새는 얼마쯤 날다가 힘에 겨워지자 그만 사자를 떨어뜨리고 말았다. 그런데 사자가 떨어진 곳은 공교롭게도 바로 솔로몬 왕의 딸이 갇혀 있는 바로 그 별궁이었다.

그 덕택에 사자의 사체 안에서 잠을 자고 있던 청년은 솔로몬 왕의 딸을 만나게 되었으며, 두 인간은 곧 서로 사랑에 빠지게 되었다. 이 세상에서 일어날 일은 반드시 일어나고야 만다.

010
· 피해야 할 네 종류의 인간

피해야 할 네 종류의 인간이 있다. 오만한 가난뱅이, 아첨을 좋아하는 부자, 호색한 노인, 제멋대로 권력을 휘두르는 지도자가 바로 피해야 할 인간이다.

011
· 법률

유대인은 새로운 법률을 만들 때에 다음과 같은 원칙을 따른다. '많은 인간들이 지킬 수 없는 부당한 법률은 만들 수 없다.'

012
● 말보다 행동을 먼저

겉으로 보기에 매우 아파보이는 한 랍비가 있었다. 그의 두 눈은 실명했고, 사지는 절단되었으며, 온몸에 물집까지 가득했다. 그는 개미가 몸으로 기어오르지 못하게 의자에 앉아 두 다리의 잘린 부분을 물속에 담그고 있었다. 그런데 어느 날은 그의 의자가 낡은 방 안에 놓여 있는 게 아닌가. 그것을 본 그의 제자는 의자의 위치를 옮겨주어야겠다고 생각했다. 그러자 랍비가 말했다.

"먼저 가구를 밖으로 뺀 뒤 의자를 옮겨라. 내 의자가 방안에 있어야 방이 무너지지 않을 것이다."

제자가 가구를 밖으로 옮긴 뒤 의자를 옮기자 스승의 말대로 곧장 방이 무너져내렸다. 곧바로 제자가 물었다.

"스승님같이 지선의 경지에 오르신 분이 어째서 이런 육체의 고통을 받고 계신 겁니까?"

"모두 내 탓이라네. 예전에 내가 당나귀에 먹을거리와 마실거리, 산해진미를 가득 싣고 길을 가고 있었네. 그때 거지 한 명을 만났는데 나에게 먹을 걸 구걸했지. 하지만 내가 '당나귀에서 물건을 내릴 때까지 기다리라'는 말과 함께 고개를 돌렸을 때 거지는 이미 죽은 뒤였다네. 나는 몸을 숙여 그에게 말했네.

'내 두 눈이 가련한 그대를 보지 못했으니 실명하도록 해주게. 내 두 손이 그대를 돕지 못했으니 두 손을 잘라주게. 내 두 다리가 그대에게 가지 못했으니 절단해주게' 그렇게 말하고도 나는 마음이 불안하여 다시 덧붙여 말했네. '내 온몸에 물집이 생기도록 해주게'라고 말이지."

그의 말을 들은 제자는 다시 말했다.

"스승님의 이런 모습을 보니 너무나 애통합니다!"

013
• 음식의 중요성

 먹을거리를 함부로 다루는 인간은 배고픔이 무엇인지를 정녕 모르는 인간이다.

014
• 열린 마음

 어느 날, 장사꾼이 랍비를 찾아와 물었다.

"손님에게 물건을 팔아 이익을 남기는 것이 제가 하는 일입니다. 선생님, 제가 해서는 안 될 일은 무엇입니까?"

랍비가 대답했다.

"물건의 양을 속이지 말고, 물건에 대한 거짓 선전을 하지 마시오. 그리고 값을 올리기 위해서 물건을 창고에 쌓

아두는 일이 없도록 하시오."

"선생님, 그렇게 하겠습니다. 하지만 유혹에 빠진다든지 해서 그러지 못할 때가 있을 겁니다. 그럴 때는 어떡해야 합니까?"

"물건을 사러 온 손님을 하느님이라고 생각하시오. 그렇게 하면 못 할 게 없을 것이오."

015
• 부전자전

한 젊은 랍비가 아버지의 뒤를 이어 랍비가 되었다. 그런데 누구든 그를 만나는 인간이면 이구동성으로 젊은 랍비가 자기 아버지와는 전혀 닮은 점이 없다고 입을 모았다.

"그게 대체 무슨 소리입니까?"

그들의 말을 들은 젊은 랍비는 힘을 주어 말했다.

"그 정반대입니다. 저는 아버지를 그대로 닮았습니다. 제 아버지는 아무도 모방하지 않는 분이셨고, 저 또한 아무도 모방하지 않으니까요."

016
두 개의 머리

"만일, 두 개의 머리를 가진 아이가 태어났을 때 이 아이를 한 인간으로 쳐야 하는가, 아니면 두 인간으로 쳐야 하는가?"

한쪽 머리에 뜨거운 물을 부었을 때 다른 쪽 머리도 뜨겁다고 함께 비명을 지르면 '한 인간'이고, 만약 다른 쪽 머리는 무표정하게 있으면 '두 인간'으로 생각해야 한다.

유대인들이 박해를 받았다는 이야기를 들었을 때, 같이 고통을 느끼면서 비명을 지른다면 그는 유대인이다. 그러나 비명을 지르지 않는다면 그는 유대인이 아니다.

017
• 아버지의 유서

어느 아버지가 아들에게 유서를 남겼다.

'나의 전 재산을 아들에게 물려주되 아들이 정말 바보가 되기 전에는 유산을 물려줄 수 없다.'

이 소식을 들은 랍비가 그에게 와서 이유를 물었다.

"정말 이해할 수 없는 유언이군요. 당신의 아들이 정말 바보가 되지 않는 한 재산을 물려줄 수 없다니, 도대체 무슨 까닭입니까?"

세월이 지나 유언을 받은 아들은 자신의 아들을 낳았다. 그러자 유언을 받은 아들은 자신의 아들 앞에서 갈대를 입에다 물고 괴상한 울음소리를 내며 마루 위를 엉금엉금 기어 다녔다. 자식을 낳으면 부모는 바보가 되는 법이다.

그제야 랍비는 유서의 깊은 의미를 깨달았다.

018
• 세 가지 원칙

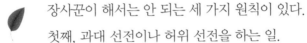 장사꾼이 해서는 안 되는 세 가지 원칙이 있다.

첫째, 과대 선전이나 허위 선전을 하는 일.

둘째, 매점매석을 하는 일.

셋째, 정량을 속여서 파는 일.

019
• 노력

 스승보다 더 많이 배우면 인생이 더욱 풍요로와지고, 사색을 많이 하면 그만 큼 지혜도 많이 쌓인다.

020
• 남자의 일생

 남자의 일생은 다음과 같다.

    1. 한 살 : 임금님. 누구나가 임금님을 모시듯이 떠받들 고 달래며 비위를 맞춰주는 단계.

2. 두 살 : 돼지. 흙탕물이든 아니든 아무 데나 뛰어드는 단계.

3. 열 살 : 어린 양. 마음껏 웃고 떠들고 뛰어다니며 노는 단계.

4. 열여덟 살 : 망아지. 다 자랐다고 자기 힘을 자랑하고 싶어
하는 단계.

5. 결혼을 한 뒤 : 당나귀. 가정이라는 무거운 짐을 지고 힘겨
운 발걸음을 내딛어야 하는 단계.

6. 중년 : 개. 가족의 부양을 책임지기 위해 다른 인간들의 호
의를 개처럼 구걸하는 단계.

7. 노년 : 원숭이. 어린아이와 다름없어지지만, 아무도 관심을
가져주지 않는 단계.

021
• 지나침

이 세상에는 너무 과하게 사용해서는 안 되는 세 가지가 있다. 빵에 넣는 이스트와 소금, 그리고 망설임이다.

022
• 여우의 깨달음

포도가 탐스럽게 주렁주렁 열린 커다란 포도밭이 있었다. 그 주변에 살던 여우는 포도밭에 들어가 맛있는 포도를 실컷 따먹고 싶었다. 그러나 포도밭 주변에 둘러쳐진 울타리 때문에 안으로 들어가는 것이 쉽지 않았다.

여우는 울타리 틈새로 들어갈 수 있는 방법을 궁리해보았다. 아무리 꾀를 내도, 자신의 체중을 줄이는 것 말고는 별다른 방법이 없다는 생각이 들었다. 결국 여우는 나흘 동안을 꼬박 굶은 끝에 마침내 울타리 틈새로 포도밭에 들어가는 데 성공했다.

포도밭 안으로 들어간 여우는 단물이 한껏 오른 포도를 실컷 따먹었다. 그런 다음, 다시 밖으로 나오기 위해 울타리 틈새에 몸을 밀어 넣었다. 하지만 실컷 포도를 먹은 덕분에 배가 불룩 나와서 도무지 빠져나갈 수가 없었다.

결국 여우는 다시 나흘 동안 굶은 뒤에야 간신히 밖으로 빠져나왔다. 그때 여우는 이런 생각이 들었다.

'결국 들어갈 때나 나올 때나 바뀐 게 없는 셈이야. 배고프기는 역시 마찬가지야.'

• 인간을 해치는 것은 죄

로마의 군대는 각 점령지에서 건강한 남자들을 골라 연합군을 만들었다. 이때 유대인들을 모집해서 훈련시켰는데 이들은 활을 쏘는 데 소질을 보였다.

허수아비를 표적으로 삼는 훈련에서 유대인 부대는 거의 백발백중으로 활을 쏘았다. 로마 장교는 이들을 주축으로 하는 부대를 편성해서 전투에 나가게 했다.

그래서 유대인들과 젊은 랍비로 구성된 부대는 전선으로 나가게 되었다. 로마군 장교는 일찌감치 짜놓은 작전대로 유대인들을 전선에 배치했다.

전투에 나간 로마군 장교는 유대인에게 명령했다.

"쏴라!"

그러나 부대원 어느 누구도 활을 쏘지 않았다.

그러자 머리끝까지 화가 난 로마군 장교가 버럭 소리쳤다.

"훈련소에서는 그렇게 활을 잘 쏘더니, 지금은 왜 활을 쏘지 않는 거냐?"

그러자 젊은 랍비가 대답했다.

"장군은 저 앞이 보이지 않소? 저 앞에는 인간이 있지 않소!"

024
양보의 미덕

어느 날, 두 랍비가 식당에 들어갔다. 두 랍비는 둘 다
같은 양고기를 주문했다. 그런데 나온 양고기를 보니
하나는 크고, 하나는 작았다.

"자네가 먼저 들게."

한 랍비가 다른 랍비에게 권했다.

"아닐세. 자네가 먼저 들게."

그러자 다른 랍비도 권했다.

"자네 먼저 들라니까."

"아니야, 자네가 먼저."

두 랍비는 몇 번이나 서로 사양했다.

그러자 한쪽 랍비가 말했다.

"좋아, 그럼 내가 먼저."

랍비는 포크로 큰 덩어리를 찔러 자기 접시에 옮겨 놓았다.
하는 수 없이 다른 랍비는 작은 덩어리를 가져가서 먹었다.

그러자 작은 덩어리를 먹은 랍비가 말했다.

"여보게, 솔직히 말하겠네."

"말해 보게."

"아까, 양고기가 큰 접시에 담겨 왔을 때 말이네. 내가 먼저 양고기 덩어리를 선택했다면 작은 것을 선택했을 걸세."

그러자 다른 랍비가 고개를 갸우뚱거리며 말했다.

"그렇다면 자네가 원하던 대로 되지 않았는가. 한데 무슨 불만이 있나?"

025
◦ 벌금의 규칙

누군가 도둑질을 했다면 벌금과 함께 그 돈을 모두 돌려주어야 한다. 만약 말을 훔쳤다면 벌금은 네 배다. 말을 훔친 도둑은 말을 이용해서 돈을 벌 수도 있지만, 원래 말의 주인은 어려움을 겪을 수 있기 때문이다. 만약에 굶주림 때문에 도둑질을 했다면 벌금은 비교적 적은 2할이다. 또한 도둑이 돈과 벌금을 갚지 못하면 노동으로 탕감한다.

최악의 경우에만 도둑을 감옥에 가두는데 사실 감금하는 것은 근본적인 해결책이 아니기 때문이다. 도둑질한 인간이 벌금을 모두 갚았다면 전과가 없는 결백한 인간으로 대우해 준다.

돈을 모두 돌려받은 뒤에도 도둑
질한 인간을 계속해서 도둑이라고
손가락질을 한다면 비방한 쪽이 나
쁜 인간이 된다.

026
• 재판관의 지혜

어떤 현명한 재판관이 있었다. 시장 거리를 거닐던 그
는 많은 장물들이 그곳에서 거래되고 있다는 것을 알아
냈다. 재판관은 꾀를 내었다.

먼저 재판관은 족제비 한 마리에게 작은 고깃덩이 하나를 주
었다. 그러자 족제비는 고깃덩이를 물고 곧바로 자기의 작은 굴
로 들어가 그곳에 고깃덩이를 감췄다. 인간들은 족제비가 고깃
덩이를 감춘 것을 쉽게 알 수 있었다.

재판관은 족제비의 작은 굴을 막아버린 다음, 이번에는 더 큰
고깃덩이를 족제비에게 주었다. 그러자 족제비는 고깃덩이를
문 채 재판관 앞으로 돌아왔다. 족제비는 자기가 갖고 있는 고깃

덩이를 처리할 수 없자, 고기를 주었던 인간에게 다시 가지고 돌아왔던 것이다.

이 일을 지켜본 인간들은 자신들이 도둑맞은 물건들이 시장에서 팔리고 있다는 사실을 깨닫고 시장에서 도둑맞았던 물건을 다시 찾았다.

장물을 사는 인간이 없으면 도둑질은 없어지는 법이다.

027
• 강한 인간이란?

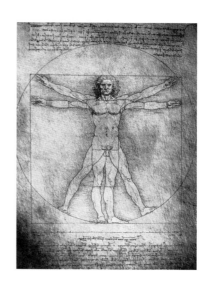

인간의 육체는 마음에 의해 좌우된다. 마음은 '보고, 듣고, 걷고, 서고, 굳어지고, 부드러워지고, 기뻐하고, 슬퍼하고, 화내고, 무서워하고, 거만해지고, 설득되고, 증오하고, 사랑하고, 질투하고, 부러워하고, 사색하고, 반성'을 한다.

그렇기 때문에 스스로 마음을 조절할 수 있는 인간을 세상에서 가장 '강한 인간'이라고 하는 것이다.

세상의 근본

 인간이 사는 세상은 진실과 도덕과 평화의 세 가지 근
본 위에 서 있다.

029

● 판단

 아이를 위협해서는 안 된다. 오로지 벌하느냐 용서
하느냐만 결정하라.

030
• 올바른 처세법

첫째, 남들이 모두 옷을 입고 있을 때는 벌거숭이가 되지 말라.

둘째, 남들이 모두 벌거숭이일 때는 옷을 입지 말라.

셋째, 남들이 모두 앉아 있을 때는 서 있지 말라.

넷째, 남들이 모두 서 있을 때는 앉아 있지 말라.

다섯째, 남들이 모두 울고 있을 때는 웃지 말라.

여섯째, 남들이 모두 웃고 있을 때는 울지 말라.

031
• 배움

고양이에게서는 겸손을 배울 수 있고, 개미에게서는 정직을 배울 수 있다. 그리고 비둘기에게서는 정절을 배울 수 있으며 수탉으로부터는 재산을 지키는 권리를 배울 수 있다.

032
• 잘난 척하는 인간

어느 날, 여우가 한가롭게 길을 가고 있는 노새를 보았다. 여우는 노새를 위아래로 한번 훑어보았다. 노새는 진지한 외모에, 밝은 눈, 큰 귀를 가지고 있었다.

"저 동물은 도대체 뭐지? 어디서 생겨난 거야? 정말 이제까지 한 번도 본 적이 없는 동물이야. 난생 처음 보는 동물인 게 분명한데……."

여우는 노새의 이야기를 들어보기로 했다. 노새는 여우의 물음에 선뜻 대답을 하기 시작했다.

"우리 삼촌은 위풍당당하고 멋진 왕의 군마였어. 삼촌은 전투가 일어나면 쏜살같이 달려나갔는데 폭풍우와 비바람이 이는 것처럼 빨랐고, 발을 구르면 천지가 진동했으며, 그의 목에 난 긴 머리칼이 바람에 휘날렸어. 그가 한 번 울부짖으면 인간의 마음까지 움직일 정도였고, 언제나 전투를 갈망했어. 그의 눈은 또 얼마나 번쩍였는지 마치 번개가 치는 것 같았고, 힘도 엄청나서 인간을 태우고도 전쟁터를 빠르게 뛰어다녔어. 어때, 우리 집안 정말 대단하지?"

어디에나 잘난 척하는 인간은 있다.

033
• 관점의 차이

정직하지 않은 의사는 저승사자의 친구다. 의사가 필요할 때, 환자들은 그를 신처럼 존경한다.

병이 회복되면, 환자들은 그를 구원의 신으로 생각한다. 그러나 병을 고치지 못하면, 환자들은 그를 평범한 인간이라 생각한다.

그리고 마지막에 의사가 계산서를 보내면, 환자들은 그를 악마라고 생각한다.

034
 보이는 것이 전부가 아니다

항아리의 모양만 보지 말고, 그 안에 과연 무엇이 담겨 있는지를 살펴보라.

035
• 꾀를 내어라

꾀가 있다는 것은, 아무리 머리를 써도 빠져나오기 힘든 곤경에서도 빠져나올 수 있다는 말이다.

036
• 배려하는 삶

친구가 화를 낼 때, 그로 하여금 마음을 가라앉히고 평안해지라고 하지 말라. 사자가 그 앞에 누워 있을 때, 그를 위로하지 말라. 맹세할 때 질문하지 말라. 불행에 맞닥뜨린 친구를 찾아가지 말라.

남의 집에 방문할 때 미리 알리지 않고 집안으로 들어가지 말라. 하느님께서도 에덴동산으로 먼저 들어가시지 않고 먼저 아담을 부르셨다. "여호와 하느님이 아담을 부르시며 그에게 이르시되 네가 어디 있느냐."

네가 이웃에게 무엇을 빌려주었든 선뜻 그의 집으로 들어가 담보물을 가지고 나오지 말라. 그의 집 밖에서 그가 물건을 가지고 나올 때까지 기다려라.

037
• 생각의 차이가 주는 결과

 한 랍비가 제자들에게 이야기를 들려주었다.

"형과 아우가 굴뚝 청소를 했단다. 그러고는 청소를 다한 형과 동생이 굴뚝에서 나왔지. 그런데 형은 얼굴에 검댕이 묻어서 새까맣고, 아우는 깨끗한 얼굴로 나왔단다. 자, 그럼 형과 아우 중에서 누가 얼굴을 씻을까?"

한 제자가 손을 번쩍 들고 말했다.

"얼굴에 검댕이 묻어서 새까매진 형입니다."

"아니다. 검댕이 묻어서 새까매진 얼굴로 나온 형은, 깨끗한 얼굴로 나온 아우를 보고 자기 얼굴도 깨끗할 거라고 생각할 게야. 하지만 깨끗한 얼굴로 나온 아우는 형의 새까만 얼굴을 보고 자기 얼굴도 더럽다고 생각하겠지? 그럼, 다시 묻겠다. 굴뚝 청소를 하고 나온 형과 아우 중에서 누가 얼굴을 씻겠느냐?"

랍비가 제자들에게 다시 물었다.

"깨끗한 얼굴로 굴뚝에서 나온 아우요!"

그러자 랍비가 다시 답했다.

"아니다. 함께 굴뚝 청소를 끝내고 나왔는데 형의 얼굴은 검댕이 묻어 새까맣고, 아우의 얼굴은 깨끗할 수 있을까?"

생각을 깊이 할수록 다른 답이 나오는 법이다.

038
• 떳떳한 가난

다른 인간의 도움을 받아 잘사는 것보다는 차라리 가난
하게 사는 것이 더 낫다.

039
• 정도의 문제

랍비 가말리엘은 페르시아인에게 부러운 점이 세 가지
가 있다고 했다. 음식을 먹고, 화장실에서 손을 씻고,
성교를 맺을 때에도 그 정도를 지킨다는 사실이다.

040
• 남을 모욕하지 말라

한 사나이가 랍비 나만에게 말했다.

"이웃에게 공개적으로 모욕을 주는 일은 이웃의 피를 뽑아내는 것과 같습니다."

랍비가 대답했다.

"당신 말이 맞습니다. 저도 모욕을 당한 인간의 얼굴이 핏기 없이 창백해지는 모습을 본 적이 있습니다."

또 다른 사나이가 랍비에게 물었다.

"팔레스타인 인간들이 가장 조심스러워하는 것은 무엇인가요?"

"다른 이를 모욕하는 일입니다."

이미 결혼한 여성과 간음하는 자, 공개적으로 이웃을 모욕하는 자, 싫어하는 별명으로 이웃을 부르는 자는 영원히 지옥에 떨어질 것이다. 공개적으로 이웃을 모욕하느니, 스스로 뜨거운 용광로로 들어가는 게 낫다.

041
● 세 가지 이름

인간은 세 종류의 이름을 갖는다. 태어났을 때 부모로부터 받은 이름과 친구들이 붙여준 이름, 그리고 생애를 끝마쳤을 때 받는 명성이 바로 그것이다.

042
노인과 어린 묘목

어떤 노인이 정원에 어린 묘목을 심고 있었다. 마침 그 곳을 지나던 어느 젊은이가 그 노인에게 어린 묘목을 심고 있는 이유를 물었다.

"할아버지, 그 나무에 열매가 열리려면 얼마나 걸릴까요?"

노인이 대답했다. "70년 정도 지나면 열리겠지요."

노인의 대답에 젊은이는 다시 물었다. "할아버지께서 그렇게 오래 사실 수 있겠습니까?"

그러자 노인이 이렇게 대답했다.

"내가 어렸을 때 우리 집 과일나무에는 열매가 주렁주렁 열려 있었지요. 그것은 내가 태어나기 전에, 이미 아버님께서 나를 위해 어린 묘목을 심어놓았기 때문이오. 나도 아버님과 똑같은 일을 하고 있는 것이라오."

043
• 삶의 지혜

토지의 면적을 재는 줄자는 계절에 따라 다른 것을 사용하라. 기온의 변화에 따라 줄의 길이가 달라지기 때문이다. 또 그릇은 깨끗이 씻어라. 액체로 된 물건을 사고 팔 경우에 그릇 바닥에 전에 담았던 액체의 찌꺼기가 남아 있어서는 안 되기 때문이다.

물건을 산 손님에게는 하루 내지 일주일간 다른 이들에게 보여 의견을 들을 권리가 있다. 자기가 잘 모르는 물건을 사는 경우에 구매자가 물건을 판단할 능력이 없기 때문이다.

관심병

변변치 못한 인간은 다른 인간의 수입에만 관심을 두
고, 정작 자신의 손해에 대해서는 관심을 두지 않는다.

045
• 도둑의 종류

세상에는 여러 가지 종류의 도둑이 있다. 인간의 마음을 훔치는 도둑이 있는가 하면, 이웃을 만날 때마다 한번 들르라고 말하지만 속으로는 전혀 그럴 마음이 없는 도둑도 있다.

046
• 인간의 본질

과거 샴마이 학파와 힐레 학파는 2년 반 동안 각자 상반되는 주장을 가지고 대립했다. 후자는 인간이 창조되지 않았더라면 세상은 더욱 아름다워졌을 거라고 주장했고, 전자는 세상은 인간이 창조되었기 때문에 아름다워졌다고 주장했다.

당시 두 학파의 의견을 표결에 부쳤었는데 그 결과 대다수가 인간이 창조되지 않았더라면 세상은 더욱 아름다워졌을 것이라는 의견에 동의했다. 하지만 인간은 이미 창조되었고, 그런 이상 스스로의 행동에 대해서 반성해야 한다고 결론을 지었다.

047
칭찬과 겸손의 관계

어떤 유명한 학자가 이웃 마을의 지도자가 되어 달라는 부탁을 받았다. 그는 그 마을에 도착한 뒤 숙소에 틀어박혀 몇 시간이 지나도 나오지 않았다. 새 지도자를 맞이하기 위한 환영회 시간이 임박하자 마을 대표가 그의 방으로 들어갔다.

문을 열자, 방안을 서성거리며 무언가 큰 소리를 외치는 학자의 모습이 보였다.

"그대는 훌륭하다! 과연 그대는 천재다! 진정으로 그대는 생애 최고의 지도자다!"

학자는 이렇게 큰 소리로 자기 자신에게 외치고 있었다. 그러자 마을 대표는 그에게 왜 그런 기묘한 행동을 하는지를 물었다.

학자가 대답했다.

"여러분은 오늘 밤 최고의 말로 나를 칭찬할 것이오. 나는 내가 칭찬에 매우 약하다는 사실을 알고 있소. 그래서 거기에 익숙해지려고 연습하는 거라오. 게다가 누구든지 자기가 자신을 칭

찬하는 것은 우스꽝스러운 일이란 걸 알고 있지요. 그러니 지금 내가 한 말과 비슷한 말을 오늘밤에 듣게 되면 적어도 조금은 겸손하게 처신할 수 있게 될 것 아니겠소?"

048
• 너 자신을 알라

인간들은 남들의 가벼운 피부병은 걱정하면서도 정작 자기 자신의 깊은 병은 알아차리지 못한다.

지속의 중요성

 맛있는 요리를 한 번 실컷 먹고 그 다음날부터 굶느니
보다는 차라리 평생 양파만 먹고 사는 게 더 낫다.

050
● 사죄의 방법

같은 민족에게 죄를 지은 자는 직접 찾아가 사죄해야
한다. 상대방이 사과를 받지 않는다면 열 명의 인간과
함께 찾아가 사죄해야 한다. 만약에 상대방이 이미 세상을 떠났
다면 무덤을 찾아가서라도 사죄해야 한다.

051
• 남을 비방하는 것은 그릇된 일

비방은 비방을 한 자, 비방을 들은 자, 그를 지적한 자 모두를 죽일 수도 있는 큰 죄이다. 따라서 이웃의 명예를 자신의 명예와 같이 소중히 생각해야 하며, 이웃을 비방하려는 시도조차 하지 말아야 한다.

052
• 솔로몬 왕의 지혜

안식일에 유대인 세 명이 예루살렘을 찾았다. 그들은 갖고 있는 돈을 맡겨놓을 만한 마땅한 곳을 찾을 수가 없었다. 결국 그들은 다 같이 돈을 한 곳에 파묻어두었다. 그런데 며칠 뒤에 그곳으로 가보니, 숨겨놓았던 돈이 감쪽같이 사라지고 없었다. 그들 중 한 인간이 그 돈을 훔쳐간 것이 분명했다.

그들은 이 문제를 들고 솔로몬 왕을 찾아갔다. 그 당시 솔로몬 왕은 지혜의 왕으로 널리 알려져 있었기 때문이다. 그들이 돈을 훔쳐간 범인을 찾아달라고 애원하자, 솔로몬 왕이 말했다.

"자네들 모두 슬기로운 자들이니, 그대들이 먼저 나의 어려운 문제를 풀어주면 나도 그 문제를 풀어주겠네."

세 명 모두가 동의하자, 먼저 솔로몬 왕이 자신의 고민을 털어놓았다.

"서로 결혼을 약속한 처녀와 총각이 있었는데, 변심한 처녀가 다른 남자와 결혼하겠다고 하면서 헤어지자고 졸랐다네. 그 대신 돈으로 보상하겠다고 하면서 말이야. 하지만 그 총각은 보상 따위는 필요 없다고 하면서 그녀와의 약혼을 취소해주었지. 얼마 뒤, 그 처녀에게 많은 돈이 있다는 것을 안 어떤 노인이 그녀를 납치했다네. 그러자 그녀는 자신과 약혼했던 남자는 파혼을 당하면서도 아무런 보상을 원치 않고 자유롭게 자신을 놓아주었다고 말하면서, 그 인간처럼 자기를 풀어달라고 노인에게 간청했어. 그러자 노인도 돈을 요구하지 않고 그녀를 풀어주었다네. 이 세 남자 중에서 가장 칭찬받을 만한 자는 누구일까 하는 것이 내 고민일세."

먼저 한 남자가 나섰다.

"이미 약혼을 했으면서도, 아무런 대가도 바라지 않고 약혼녀를 자유롭게 풀어준 총각이 가장 칭찬받아야 합니다. 그는 처녀의 의사를 존중해주었을 뿐만 아니라, 아무런 보상도 원하지 않았기 때문입니다."

다른 남자가 말했다.

"저는, 진심으로 사랑하지 않는 인간에게 파혼을 요구한 처녀가 칭찬받아야 한다고 생각합니다. 과거의 약혼자가 아니라 진정으로 사랑하는 인간과 결혼하려고 했던 처녀의 용기에 박수를 보내고 싶습니다."

마지막 남은 한 남자가 말했다.

"도대체 이야기의 줄거리가 무엇인지 잘 모르겠습니다. 노인은 돈 때문에 처녀를 납치했으면서도, 돈도 받지 않고 풀어준 이유가 무엇인지 도저히 이해할 수가 없습니다."

솔로몬 왕이 세 번째 남자에게 호통을 쳤다.

"돈을 훔쳐간 범인이 바로 너로구나! 다른 두 인간이 처녀 총각의 애정 문제와 그 주변 문제에 대해 신경 쓰고 있는 동안, 네놈은 그저 돈밖에 생각하지 않는구나. 도둑은 바로 네놈이 틀림없다!"

053
질문의 중요성

 한 나그네가 길을 가다가 마차를 얻어 타게 되었다.

"고맙습니다. 그런데 마을까지는 얼마나 걸릴까요?"

"한 시간쯤 가면 될 게요."

나그네와 마차 주인은 이런저런 이야기를 서로 나누면서 지루함을 달랬다. 그런데 한 시간을 훨씬 넘겨 왔는데도 마을은 보이지 않았다.

"여기서 마을까지는 얼마나 걸릴까요?"

"두 시간쯤 가면 될 게요."

"아니, 아까는 한 시간 걸린다고 하셨잖습니까? 한데 한 시간 동안 왔는데, 어떻게 두 시간이나 걸린다는 말씀인가요?"

"지금 이 마차는 반대 방향으로 가고 있다오."

어떤 질문을 하느냐가 중요하다.

054
부부가 화해하는 길

어느 날 부부가 싸움을 하다가 랍비를 찾아왔다. 랍비는 한 명씩 따로 돌아가며 이야기를 듣기로 했다.

아내가 먼저 랍비와 이야기를 했다. 아내는 랍비 앞에 앉자마자, 남편의 흉을 보았다. 아내가 흥분해서 남편의 험담을 해도 랍비는 고개를 끄덕이며 당연하다고 말했다.

다음에는 남편 차례였다. 남편은 랍비 앞에 앉자마자, 아내의 흉을 보기 시작했다. 남편이 흥분해서 아내의 험담을 하나하나 늘어놓는 동안에 랍비는 그의 아내에게 했던 것처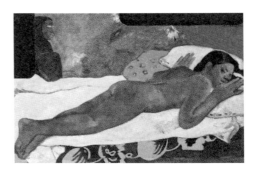
럼, 고개를 끄덕이며 당연하다고 말했다.

두 부부가 돌아간 후 제자가 랍비에게 물었다.

"지금 나간 부부 중에서 아내가 먼저 들어와서 말할 때는 아내의 말이 모두 옳다고 말씀하시고, 남편이 들어와서 말할 때는 또 남편의 말이 모두 옳다고 말씀하셨습니다. 도대체 누가 옳은 겁니까?"

랍비는 제자에게 대답했다.

"서로 생각이 달라서 실컷 싸우고 찾아온 부부에게 어느 한쪽이 옳다고 편을 들어서는 안 되네. 그것은 남편과 아내에게 더 싸우라고 하는 것과 마찬가지지. 무엇보다도 중요한 것은 남편과 아내의 서로 다른 생각을 인정해주어 흥분을 가라앉히는 거라네. 흥분이 가라앉으면 서로 이성을 되찾게 되지. 그러면 서로가 이해할 수 있고, 용서할 수 있고, 화해할 수 있는 길을 찾게 된다네."

055
- 성행위

섹스는 자연의 한 부분이므로, 성행위 자체가 원칙적인 측면에서 부자연스러울 것은 없다.

056
- 말보다 행동을

네가 한 말은 반드시 행동으로 옮겨라. 그러나 네가 한 행동은 절대로 말로 옮기지 마라.

부끄러움의 차이

 다른 인간 앞에서 부끄러워할 줄 아는 것과 자기 자신
앞에서 부끄러워할 줄 아는 것은 전혀 다른 것이다.

058
• 행동의 힘

 행동은 말보다도 오히려 목소리가 크다.

059
• 총명한 노예

어느 날 왕이 화려한 옷을 두 명의 노예에게 각각 건네 주었다. 총명한 노예는 옷을 잘 개켜서 상자 안에 보관했고, 우둔한 노예는 자신이 입고 일을 했다. 얼마 뒤 왕이 다시 옷을 가져오라고 시키자 총명한 노예는 깨끗한 상태로 되돌려주었고, 우둔한 노예는 더러운 옷을 가져다주었다.

　이 사실을 알게된 왕은 총명한 노예는 아껴서 일찍이 고향으로 돌려보내주었지만, 우둔한 노예에게는 크게 화를 내며 옷을 다시 빨아오도록 시킨 뒤 옥에 가두었다. 총명한 노예는 정직하여 평안을 얻었지만, 우둔한 노예는 정직하지 못하여 영혼이 집으로 돌아가지 못했다.

060
● 평판의 중요성

 　아키바가 임종을 앞두고 있었다. 학업 성적이 꽤 우수했던 그의 아들이 아버지에게 말했다.

　"아버님, 돌아가시기 전에 부디 아버님 친구들에게 제가 얼마나 학문을 잘하는지, 얼마나 실력이 있는지 말씀해 주십시오."

　아키바가 대답했다.

　"얘야, 나는 추천해 주지 않겠다. 평판이 곧 가장 좋은 소개장인 것이니까."

061
• 진실

 진실이란 들기에 힘겨운 것이다. 따라서 진정으로 '젊은 인간'이야말로 그것을 옮길 수가 있다.

062
복수와 증오를 경계하라

어떤 남자가 친구에게 낫을 빌려달라고 부탁하자, 그 친구는 한마디로 싫다고 거절했다. 며칠이 지난 다음, 이번에는 반대로 앞서 거절했던 친구가 찾아와 그 남자에게 부탁했다.

"말 좀 빌려주게."

남자는 이렇게 대답했다.

"네가 나에게 낫을 빌려주지 않았으니, 나도 네게 말을 빌려줄 수 없어."

이런 대답은 복수를 남긴다. 낫을 빌려주지 않았던 친구가 말을 빌려달라고 찾아왔을 때, 이렇게 대답할 수도 있다.

"너는 내게 낫을 빌려주지 않았어. 하지만 나는 네게 말을 빌려주겠네."

이런 대답은 증오를 남긴다.

063
• 진정한 효도

어머니를 몹시 사랑하던 효자는 어머니가 돌아가시자 매일 울면서 지냈다. 얼마 후, 아들이 랍비를 찾아가 물었다. "자네가 신앙심이 깊다면 하늘나라로 간 어머니에게 이야기를 전할 수 있지. 하지만 어머니가 자네에게 답을 해주리라고 기대해서는 안 된다네."

064
• 살려둠의 의미

과수원을 가진 왕이 있었다. 과수원에는 무화과, 포도, 석류, 사과나무 등 많은 나무가 자라고 있었다. 왕은 과수원을 다른 용도로 바꾸고자 찬찬히 둘러보았다. 그런데 가시나무가 우거진 곳에서 아름답게 자태를 뽐내며 홀로 피어 있는 장미를 발견하고는 그곳으로 걸음을 옮겼다. 그가 장미를 꺾자 향기가 사방에 퍼졌고, 왕은 황홀한 기분에 휩싸였다. 왕이 말했다. "저 장미 한 송이가 과수원을 살렸구나. 이곳을 그대로 두어라."

훗날 하느님이 지상에 사악한 무리가 판치는 것을 보시고 대홍수를 일으켜 세상을 파괴하고자 했다. 그런데 아름답게 피어 있는 장미를 보시고는 이렇게 말씀하셨다.

"장미 한 송이가 이 세상을 살렸다. 이곳을 그대로 두어라."

065
자신을 낮추고 남을 높인 지혜

한 랍비가 어려운 문제를 해결하려고 여섯 명의 손님들을 초대했다.

그런데 다음날 아침이 되자, 일곱 명의 손님이 모여 있었다. 누군가 랍비가 초청하지 않은 손님이 와 있었던 것이다.

랍비는 "여기에 초청받지 않은 손님이 한 명 있습니다. 그분은 돌아가주십시오"라고 말했다.

그러자 그중에서 가장 유명한 인물이며, 누가 생각해도 당연히 초청받았음직한 손님이 일어나서 밖으로 나가버렸다.

그는 초청을 받지 않았거나 또는 어떤 착오로 인해 오게 된 누군가가 굴욕감을 느끼지 않도록 스스로를 낮춘 것이다.

066
• 좋은 소식? 나쁜 소식!

 로마의 막강 군대가 이스라엘을 점령하고 탄압할 때였다. 이스라엘의 어느 마을에서 두 젊은이가 이야기를 나누고 있었다.

"여보게, 그 소식 들었나?"

"무슨 소식?"

"아직 못 들었나 보군. 하나는 좋은 소식이고, 다른 하나는 나쁜 소식일세. 어느 걸 먼저 듣겠나?"

"좋은 소식부터 말해 보게."

"그러지, 좋은 소식이란 다름이 아니라 로마 황제가 세상을 떠났다는 소식일세!"

"그것 참, 정말 기쁜 소식일세그려! 그럼, 나쁜 소식은 뭔가?"

"그 소식이 잘못 전해졌다는 걸세."

067
• 용서의 세 가지 원칙

 살인자라도 용서받을 가능성이 있는 경우가 있다.

첫째, 누군가 자신을 죽이려는 상황에서 먼저 그를 죽인 경우.

둘째, 이교도가 유대인 무리에게 한 명을 넘기지 않으면 모두 죽이겠다고 협박했을 때 죽음을 맞이하는 한이 있더라도 한 인간의 목숨을 포기하지 않을 경우.

셋째, 이교도가 유대인 중에 한 명을 지명하고 그를 내놓으라고 할 경우이다. 그들은 지명당한 인간과 나머지 인간을 다 죽여서라도 그를 찾아낼 것이므로 모두 함께 죽음을 당할 필요는 없기 때문이다.

068
스승의 중요성

아이가 이 세상에 태어날 때, 그 아이는 아버지와 어머니 그리고 하느님에게서 생명을 받는다. 그러나 자라남에 따라 그 아이에게 생명을 주는 인간이 하나 더 늘어난다. 그 아이를 가르치는 스승이 바로 그 인간이다.

069
방종의 최후

많은 무리의 인간들이 함께 배를 타고 항해하고 있었다.

그런데 어떤 한 인간이 자기가 앉아 있는 배 밑바닥에 끌로 구멍을 내는 것이었다. 놀란 인간들이 웅성거리며 그를 나무랐지만, 그는 조금도 거리낌 없이 이렇게 말했다.

"여기는 내가 앉아 있는 자리니, 내가 무슨 짓을 하든지 그건 내 자유 아닙니까?"

얼마 후에 구멍으로 물이 들어와 배는 가라앉았고, 구멍을 낸 인간을 포함해 모두가 물에 빠지고 말았다.

자기 것이라고 마음대로 한다면 모두가 위험에 처하게 된다.

070
• 강요하지 말라

하루는 어느 이교도가 랍비 힐렐에게 물었다.

"제가 한 다리로 서 있는 동안 유대인의 학문을 모두 가르쳐줄 수 있습니까?"

"내가 못하는 것을 절대로 남에게 강요하지 마시오. 이는 유대교 경문의 핵심입니다. 나머지는 집으로 돌아가서 경문을 읽고 공부하시오."

071
• 사랑의 위대함

세상에는 열 두가지의 강한 것이 있다.

먼저 돌을 강한 것으로 꼽을 수 있다. 그러나 돌은 쇠로 깨뜨릴 수 있고, 쇠는 불에 녹아버리며, 불은 물로써 끌 수 있다. 또한 물은 구름에 흡수되고, 구름은 바람에 의해 이리저리 흩날린다. 하지만 바람은 인간을 날려보내지는 못한다.

그런 인간도 공포에는 무너지고, 공포는 술을 마시면 사라진다. 술에 취한 인간도 잠을 자고 나면 깨어난다. 잠도 죽음만큼 강하지는 않. 그러나 죽음조차 사랑을 갈라놓을 수는 없다.

072

자화자찬

다른 누군가가 자신을 칭찬하도록 만들 수 있다면 분명 좋은 일이다. 그러나 자기 자신을 스스로 칭찬하는 것은 옳은 일이 아니다.

073
• 마음의 차이

판사가 어느 날 친구에게 돈을 빌렸다. 친구는 돈을 빌려주면서 한 가지 단서를 달았다.

"차용 증서를 쓰고 증인을 세워 서명해 주게."

"아니, 자네 날 못 믿겠다는 건가? 난 오랫동안 법을 연구하고, 법을 지키며 살아온 인간일세."

"바로 그 점이 염려되는 걸세. 자넨 법을 연구하고만 있어서 마음에 법이 가득하네. 그래서 빚 같은 건 쉽게 잊어버릴 수 있기 때문이지."

074
• 스승을 공경하라

자신의 부모와 스승이 모두 물건을 잃어버렸다면, 스승의 일을 먼저 도와야 한다. 부모는 자신을 세상에 태어나게 해주셨지만 스승은 나에게 지혜를 주고 내세로 이끌어주기 때문이다. 부모와 스승이 똑같이 무거운 짐을 지고 있다면, 먼저 스승을 돕고 난 뒤 부모를 도와라.

부모와 스승이 똑같이 납치당했다면, 먼저 스승을 구하고 난 뒤 부모를 구하라.

075
민심이 천심

 백성의 소리가 곧 '하느님의 소리'이다.

076
장미

장미는 가시와 가시 사이
로 꽃을 피운다.

077
화를 부르는 욕심

회당에 모인 신자들이 모두 열심히 기도를 드렸다. 그중
빵집 주인의 목소리가 유난히 컸는데 그 빵집 주인이
주먹도 잘 썼기 때문에 아무도 빵집 주인에게 목소리를 줄여달
라고 말하지 못했다.

"하느님. 저와 제 빵집을 축복해주십시오. 그렇게만 해주신
다면 저는 최선을 다하여 하느님께서 가장 좋아하시는 것으로

보답해드리겠습니다."

그때, 그곳에는 수행길을 가던 중에 들른 랍비가 함께 기도하고 있었다.

랍비는 옆 신자에게 사정을 들은 후 빵집 주인에게 말했다.

"이보시오, 빵집 주인 양반. 하느님께서는 당신의 목소리와 주먹을 작게 하고, 당신이 만드는 빵은 더 크게 하는 걸 가장 좋아하신다오."

078
• 성 윤리

'1미터의 담장이 100미터의 담장보다 낫다.'

1미터 길이의 담장은 오랫동안 똑바로 서 있을 수 있지만, 100미터 길이의 담장은 쉽게 무너질 수 있기 때문이다.

인간이 평생 동안 성 행위를 하지 않고 산다는 것은 불가능한 일이므로, 이것은 100미터의 담장이다. 아내가 없는 남편은 생활 속에 행복도 없고, 하느님의 축복도 받지 못하며 선행도 많이 쌓지 못한다.

079
• 거룩함의 진정성

랍비가 제자들에게 물었다.
"너희가 생각하는 거룩한
것이란 과연 무엇인가?"

많은 제자들이 '하느님을 위해 생
명을 바치는 것'이라고 대답했고, 몇
몇은 '쉬지 않고 기도하는 것'이라
고 대답했다.

여러 제자들의 각양각색의 대답을
듣고 나서, 랍비가 말했다. "거룩한
것이란 무엇을 먹는가, 그리고 섹스
를 어떻게 하는가에 달려 있다."

그러자 학생들이 한참을 웅성거리다가 물었다.

"그렇다면 돼지고기를 먹지 않는다든가, 어떤 때 어떤 장소
에서는 섹스를 행하지 않는다는 게 과연 거룩한 것인가요?"

그 물음에 랍비가 이렇게 대답했다.

"우리가 안식일을 지키고 있는지 아닌지는 누구든지 쉽게 알
수 있고, 하느님을 위해 생명을 바치는 것도 금방 세상에 알려진
다. 하지만 인간들이 자기 집에서 무엇을 먹는지는 남들이 알지

못한다. 그러나 밥을 먹거나 섹스를 하는 것은 남의 눈에 띄지 않는 일이다. 그런 일에도 규율을 지킨다면 그가 진정 거룩하다."

080
• 동등함

돈과 물건은 거저 주는 것보다는 빌려주는 편이 훨씬 더 낫다. 돈이나 물건을 거저 얻을 경우에 얻은 이는 돈과 물건을 준 자보다 아래의 입장이 되지만, 빌려주면 서로 동등한 입장이 되기 때문이다.

081
• 의사소통의 비밀

로마의 황제와 친하게 지내는 랍비가 있었다. 하지만 황제와 랍비가 친하다는 것은 두 나라의 관계로 보아 그리 좋은 일은 아니었다.

어느 날 황제는 이렇게 편지를 써서 랍비에게 보냈다.

"나에게는 두 가지 소망이 있습니다. 하나는 내가 죽으면 내 아들이 황제의 자리에 오를 수 있도록 하는 것이며, 나머지 하나는 티베리아스 시를 상업 활동이 자유로운 도시로 만드는 것입니다. 하지만 내 능력으로는 한 가지 일밖에 이룰 수가 없을 것 같습니다. 혹시 두 가지 소망을 모두 이룰 수 있는 방법은 없겠습니까?"

랍비는 황제에게 답장을 쓰고 싶었지만 주변의 눈이 곱지 않았다. 랍비에게 편지를 전하러 갔던 부하가 돌아오자 황제가 물었다.

"랍비에게 내 편지를 전하고 답장은 받아왔느냐?"

황제의 물음에 그가 대답했다.

"랍비께서는 편지를 읽어보신 후, 아무 말도 하지 않으셨습니다. 그저 아들에게 목말을 태워주더니, 아들에게 비둘기를 하늘로 날려보내라고 시키셨습니다. 그것이 전부입니다."

황제는 '먼저 아들에게 왕위를 물려준 다음, 그 아들로 하여금 도시를 번성케 하면 된다'는 랍비의 뜻을 알아챘다.

그 이후 어느 날, 황제는 다시 랍비에게 편지를 보냈다

"신하들이 내 마음을 괴롭히고 있는데, 어떻게 하면 좋겠습니까?"

랍비는 역시 아무 말도 하지 않은 채, 밭으로 나가 채소 한 포기를 뽑아왔다. 그리고는 또다시 밭에 나가 한 포기를 뽑아 오고, 잠시 후에 또 한 포기를 뽑아 오는 것이었다.

이야기를 전해들은 황제는 랍비가 말하려는 뜻을 알 수 있었다. 그 뜻은 이러하였다. 적들을 한 번에 일망타진시키려 하지 말고, 몇 번에 나누어 한 인간 한 인간 제거하라는 것이었다.

인간의 의사는 이처럼 말이나 글에 의존하지 않아도 충분히 나타낼 수 있는 것이다.

082
• 뱀의 꼬리와 머리

뱀 한 마리가 있었다. 뱀의 꼬리는 늘 머리가 가는 대로만 그 뒤를 따라가야 했다. 어느 날, 뱀의 꼬리는 그런 자신의 처지에 불만을 품고 머리에게 불평을 터뜨렸다.

"네가 무슨 자격으로 나를 이리저리 네 마음대로 끌고 다니는 거야? 이러면 안 돼! 공평하지 못하잖아. 나도 어엿한 뱀의 일부분인데, 늘 너의 노예로 지낼 수는 없어. 정말 이렇게 살 수는 없단 말이야!"

꼬리의 불평에 머리가 아무렇지 않다는 듯이 대꾸했다.

"너는 앞을 볼 수 있는 눈도, 위험한 상황을 알아차릴 수 있는 귀도, 판단을 내릴 수 있는 두뇌도 없잖아. 나는 나 자신만을 위해 너를 끌고 다니는 것이 아니란 말이야. 다 너를 위해서 그러는 거야."

꼬리가 머리의 대답에 코웃음을 쳤다.

꼬리의 비난에 머리는 할 수 없이 자신의 자리를 내놓았다. 그리하여 꼬리가 머리를 대신해서 앞으로 나섰다.

그러자 얼마 가지 못해 진흙구덩이에 빠지고 말았다. 결국 머리가 갖은 애를 다 써서야 간신히 빠져나왔다. 다시 얼마가 지났다. 꼬리는 여기저기를 헤집고 돌아다녔다. 그러다가 실수를 하는 바람에 그만 가시덤불 속에 다시 빠지고 말았다. 그래도 꼬리는 포기하지 않고 앞장을 섰다. 그러다가 불길 속에 빠지고 말았다. 몸이 뜨거워지기 시작하더니, 이내 앞이 캄캄해졌다.

머리는 이 다급한 상황에서 어떻게든 위기를 모면해 보려고 필사적인 노력을 기울였다. 하지만 역부족이었다. 이미 때가 늦은 뒤였다.

083
• 선한 양심

이 세상에는 하느님이 기뻐하시는 세 가지 일이 있다.

첫째, 가난한 자가 물건을 습득했을 경우, 그 주인을 찾아 돌려주는 일.

둘째, 부자가 자기 수입의 1할을 아무도 모르게 가난한 자에게 나누어주는 일.

셋째, 번화한 도시에 살고 있는 독신자가 죄악을 범하지 않는 일.

084
• 내 영을 지키셨나이다

로마인 안토니는 그의 친구인 랍비 유다에게 물었다.

"영혼은 언제 인간의 몸으로 들어오는가? 수태할 때인가 아니면 태아가 형성될 때인가?"

"태아가 형성될 때라네."

랍비의 대답에 안토니가 반문했다.

"한 덩이 고깃덩어리에 불과한 태아가 어떻게 염 처리도 하지 않고서 부패하지 않을 수 있단 말인가? 난 수태할 때 영혼이 들어간 게 분명하다고 생각하네."

"자네의 말을 들으니 내가 경솔했던 거 같네. 성경에도 '생명과 은혜를 내게 주시고 나를 보살피심으로 내 영을 지키셨나이다'라고 쓰여 있지 않은가?"

085
• 가르침의 염원

랍비 아키바가 로마 정부의 명령을 위반하고 유대교를 전파했다는 죄목으로 감옥에 갇혔다. 그의 제자 시몬은 감옥으로 찾아가서라도 가르침을 받겠다고 청했지만, 아키바는 제자들의 안위를 걱정하여 그러지 못하게 막았다. 그러나 아키바는 다음과 같은 비유를 들어 제자들을 가르치고 싶은 염원을 표현했다.

"암소가 새끼를 먹이려는 욕구는 새끼가 젖을 먹으려는 욕구보다 크다."

086
• 랍비의 지혜

강연을 잘하기로 소문난 랍비가 있었다. 금요일에 열리는 그의 강연에는 많은 인간들이 찾아왔으며, 그의 설교를 듣고 감동받는 인간들도 적지 않았다.

그의 단골 청중들 중에는 여자도 한 명 있었다. 여자들은 보통 금요일 밤이 되면 집안에서 안식일에 쓸 요리를 만드느라 바

쁜 편이었다. 하지만 그녀는 랍비의 강연에 참석하는 것을 더 좋아했다.

어느 날 랍비의 강연이 좀 늦게 끝나는 바람에 그녀의 귀가가 늦어지자, 남편이 문 앞에서 야단을 쳤다.

"내일이 안식일인데, 음식을 만들어놓을 생각은 하지 않고 이렇게 늦게까지 어디를 갔다오는 거요?"

"교회에서 랍비님의 설교를 듣고 오는 길이에요."

그녀의 말에 남편은 길길이 날뛰며 화를 냈다.

"랍비는 무슨 얼어 죽을 랍비야! 집안 살림도 제대로 못하는 주제에! 가서 랍비의 얼굴에 침이나 뱉고 와. 그러기 전까지는 집에 돌아오지 마!"

그녀는 결국 집에 들어가지 못한 채, 남편과 헤어져 친구의 집에 머물게 되었다.

이 소식을 들은 랍비는 자신의 잘못으로 한 가정의 평화가 깨졌다는 것이 몹시 마음에 걸렸다.

랍비는 눈병이 났다는 핑계로 그녀를 부른 다음, 이렇게 부탁했다.

"다른 인간의 침으로 씻으면 이 병이 낫는다고 하니, 내 눈에 부인의 침을 뱉어주시오."

랍비의 부탁이 어찌나 간절한지, 그녀는 그의 눈에 침을 뱉지 않을 수 없었다.

그녀가 돌아가고 나서, 이것을 보고 있던 랍비의 제자들이 그녀의 무례한 행동에 대해 성토하자, 랍비가 그들을 말렸다.

"한 가정의 평화를 지키기 위해서라면 그보다 더 힘든 일을 해야 하는 경우도 있다네."

087
선행을 베풀라

선행을 외면하고 마음의 문을 닫으면, 머지않아 의사에게 문을 열어줘야 한다.

088
• 현명함을 위한 일곱 가지 원칙

현명한 인간이 되기 위해서는 다음과 같은 일곱 가지 원칙을 지켜야 한다.

첫째, 자기보다 잘난 인간 앞에서는 말을 삼간다.

둘째, 상대방의 말을 끊지 않고 끝까지 경청한다.

셋째, 대답할 때 침착하게 행동한다.

넷째, 질문할 때는 언제나 요점만 물어본다. 대답할 때는 조리 있게 답한다.

다섯째, 일의 앞뒤를 분명히 한다.

여섯째, 모르는 것이 있으면, 모른다는 것을 솔직하게 인정한다.

일곱째, 진실은 진실로 받아들인다.

089
• 누가 '진짜 엄마' 인가

솔로몬 왕은 매우 뛰어난 현인으로 정평이 나 있다. 하루는 두 여인이 아이 하나를 데리고 와서 서로 자기 아이라고 주장하며 솔로몬 왕에게 판단해 줄 것을 요청했다.

솔로몬 왕은 여러 가지 방법을 동원해 진실을 조사해 보았으나 누가 진짜 아이의 엄마인지를 알 수가 없었다.

솔로몬 왕은 이 아이를 칼로 두 토막을 내라고 명령하였다.

그러자 두 여인 가운데 한 여인이 갑자기 미친 듯이 '그렇게 할 바엔 차라리 그 아이를 저 여자에게 주어버리라'며 울부짖었다.

이 광경을 보고 솔로몬 왕은 확신에 차서 말했다.

"그대야말로 아이의 진짜 어머니요! 아이를 이 여인에게 주어라!"

090
• 남용의 위험성

악의 충동은 자연에서부터 생겨난 인간의 본성일 뿐이며 특히 성욕은 원래부터 나쁜 것은 아니었다. 하느님이 창조하신 것 중에 나쁜 것은 존재하지 않는다. 단지 인간이 그것을 남용하기 시작하면서 사악해졌을 따름이다.

이러한 충동이 없었다면 인간은 집을 짓고, 아이를 낳고, 일을 할 필요가 없었을 것이다. 우리는 악의 충동을 억제해야만 비로소 스스로의 생명을 지킬 수 있다.

제2장

사랑의 지혜

유대인들이 박해를 받았다는 이야기를 들었을 때, 같이 고통을 느끼면서 비명을 지른다면 그는 유대인이다. 그러나 비명을 지르지 않는다면 그는 유대인이 아니다.

091
• 랍비와 양복점 주인

어느 날 랍비에게 친구가 옷감을 보내주었다. 다음 날, 랍비는 옷감을 들고 평소에 잘 알고 지내던 주인이 운영하는 양복점으로 갔다. 양복점 주인은 랍비의 몸을 자로 쟀다. 그러고는 옷감을 작업대에 펼쳐 놓고 길이를 쟀다. 그러나 양복점 주인은 새 옷을 짓기에는 옷감이 부족하다고 말했다. 그럴 리가 없다고 생각한 랍비는 다른 양복점을 찾아갔다.

다른 양복점 주인은 말했다.

"선생님, 나흘 뒤에 오십시오. 그러면 멋진 새 옷을 입으실 수 있겠습니다."

나흘 뒤, 랍비는 그 양복점으로 가서 누더기 같은 옷을 벗고 멋진 새 옷을 입었다. 며칠 후 랍비는 마을 최고 부자의 아들 결혼식에 초대를 받았다.

랍비는 새 옷을 입고 결혼식이 열리는 부자의 집으로 갔다. 그런데 거기서 자기와 똑같은 옷감으로 만든 옷을 입은 아이를 보았다. 그 아이는 양복점집 아들이었다. 랍비는 처음에 옷감이 모자르다고 말한 양복점 주인이 괘씸해서 그를 찾아갔다.

"난 이 옷을 길 건너편에 있는 양복점에서 맞춰 입었네. 그 양복점 주인은 새 옷을 만들고도 남은 자기 아들한테도 새 옷을 지어 입혔지. 그런데 자네는 나한테 왜 옷감이 모자란다고 거짓말을 한 것인가?"

양복점 주인은 대답했다.

"선생님, 길 건너편에 있는 양복점 주인은 아들이 하나뿐이랍니다. 하지만 저는 아들이 둘입니다."

092
· 마음의 경작

 한 랍비가 제자를 초대해서 함께 저녁 식탁에 앉았다. 랍비가 제자에게 말했다.

"우선 기도문부터 외워라."

그러나 제자는 몇 줄밖에 외우지 못했다.

랍비는 화가 나서 제자를 꾸짖었다. 식사가 끝나자 제자는 풀이 죽어 돌아갔다.

며칠 뒤 랍비는 그 제자에 관한 소문을 들었다. 그가 환자를 돌보아주고, 가난한 인간들에게 많은 선행을 베풀고 있다는 이야기였다.

순간 랍비는 부끄러운 생각이 들었다. 그는 제자들이 모이자 이렇게 말했다.

"마음속 생각은 행동으로 나타나게 되어 있다네. 하지만 몇

만 권의 책을 읽어서 많은 지식을 갖고 있다 해도 마음을 경작하지 않는다면 단지 알고 있는 것에 불과할 뿐이라네."

093
● 베풂

 아무리 부자라도 남을 위해 베풀 줄 모르는 인간은 소금을 치지 않은 진수성찬과 같다.

094

• 만족

진정한 부자는 자신이 갖고 있는 것에 대해 만족할 줄
아는 인간이다.

· 효도의 의미

랍비가 어머니와 집으로 돌아오는 길이었다. 갑자기 어머니가 신고 있던 샌들이 찢어져 걷기가 어려워졌다. 그러자 랍비는 자신의 손으로 어머니의 두 발을 받쳐서 편안히 집까지 모셨다. 그런데 너무 무리했던 탓인지 랍비는 몸져눕게 되었다. 병이 난 아들을 보고 어머니가 외쳤다.

"여호와께서 축복을 내리소서! 제 어미에게 효도를 하려다 병이 나다니요. 병이 빨리 낫게 해주소서."

어머니의 기도를 들은 인간들이 도대체 무슨 일이냐고 물었고 자초지종을 알게 되었다. 장로들은 이 이야기를 전해 듣고 이렇게 말했다.

"그가 몇 번이고 똑같은 일을 한다 해도 하느님께서 바라시는 효도를 따라오려면 아직 멀었다."

096
술을 경계하라

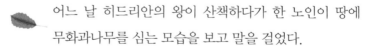
악마는 너무 바빠서 인간을 찾아다닐 수 없을 때, 술을 대신 보낸다.

097
결심의 열매는 달다

어느 날 히드리안의 왕이 산책하다가 한 노인이 땅에 무화과나무를 심는 모습을 보고 말을 걸었다.

"여보게, 그대가 젊었을 때 열심히 일했다면 지금 이렇게 나이가 들어서 고생하지 않아도 되지 않았나?"

"저는 젊었을 때도 지금처럼 열심히 일했습니다. 이렇게 나무를 심는 것은 하느님의 내려주신 은총에 부끄럽지 않기 위해서입니다."

"그대는 올해 몇 살인가?"

"백 살입니다."

"백 살이라! 그 나이에 이렇게 땅을 파고 나무를 심는단 말인가?"

"전하도 이 나무의 열매를 드시고 싶으십니까?"

"내가 그 나이가 될 때까지 살아있다면 먹을 수 있겠지."

왕의 대답에 노인이 말했다.

"만약 그렇게 되지 않더라도 제 부모가 그랬듯이 저 또한 열매를 자식에게 남겨주겠습니다."

098
• 험담을 주의하라

어느 날, 제자가 랍비에게 물었다.

"선생님, 이 손가락으로 무엇을 하면 좋겠습니까?"

랍비가 제자에게 대답했다.

"그대와 내가 손가락을 마음대로 움직일 수 있는 것은 남의 험담을 듣지 않기 위해서일세. 그러니 험담이 들리면 우리는 손가락으로 재빨리 우리의 두 귀를 막아야 할 것이네. 그게 손가락이 할 일이지."

099
• 부부가 바라는 것

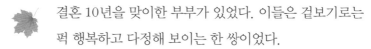 결혼 10년을 맞이한 부부가 있었다. 이들은 겉보기로는 퍽 행복하고 다정해 보이는 한 쌍이었다.

그러던 어느 날 남편 되는 인간이 랍비를 찾아가 이혼을 허락해달라고 요청했다.

남편이 이야기하기를 부부 사이에 아이가 없는 탓에 친척들로부터 이혼을 강요받아왔다는 것이다. 유대의 전통에 따라, 결혼한 지 10년이 넘었는데도 아이를 얻지 못하면 이혼 조건이 성립된다.

두 부부는 사실 헤어지기를 바라지 않았다. 하지만 가족과 친척들이 워낙 강하게 이혼을 요구하고 있어, 남편은 어쩔 수 없이 랍비를 찾아가 의논하게 된 것이다.

랍비는 먼저 아내를 위한 성대한 잔치를 베풀고, 그 자리에서 지금까지 함께 살아온 아내가 얼마나 훌륭한 반려자였는지를 인사말로 하도록 권했다.

랍비의 조언을 들은 남편은 아주 기뻐하였다. 두 부부가 서로 싫어서 헤어지는 것이 아님을 다른 모두에게 밝혀두고 싶었기 때문이었다.

랍비는 남편에게 잔치가 끝난 다음 아내에게 '무엇이든 당신이 원하는 것 한 가지를 말하면 주겠다'고 말하라고 권했다. 그리고 아내에게도 같은 말을 하도록 당부했다.

잔치가 끝난 후, 남편은 랍비의 권유대로 무엇이든 원하는 것 한 가지를 주겠다고 아내에게 말했다. 아내도 남편에게 같은 내용을 말했다.

다음날 아침, 랍비가 입회한 자리에서 부부는 대답하기로 되어 있었다.

아내는 한 가지를 선택했다. 바로 '남편'이었다. 남편도 그 한 가지를 '아내'라고 답했다.

두 부부는 이혼을 취소했다. 그 후 두 부부 사이에서는 자녀 둘이 태어났다.

100
• 혀의 중요성

어느 날 랍비가 자기의 하인에게 시장에 가서 맛있는 음식을 사오라고 시켰다. 그런데 하인이 사온 것들은 모두 혀뿐이었다.

며칠 뒤 랍비는 같은 하인에게 또다시 장에 가서 심부름을 시키며 이번에는 좀 값이 싼 것을 사오라고 당부했다. 그런데 이번에도 그가 사온 것은 모두 혀뿐이었다.

랍비는 언짢은 기색으로 그 이유를 캐물었다.

"맛있는 것을 사오라고 해도 혀를 사오고, 싼 것을 사오라고 해도 혀를 사온 이유가 도대체 무엇이냐?"

그러자 심부름을 하던 하인이 이렇게 대답했다.

"맛있고 좋은 것이라면 물론 좋은 혀가 그에 해당되고, 또 싼 것이라면 맛없고 나쁜 혀가 바로 그에 해당되기 때문입니다."

101
• 서로 다른 입장

한 사나이가 오래된 친구에게 많은 돈을 빌렸다. 마침내 친구의 빚 독촉이 시작되었다. 내일 아침까지는 어떤 일이 있어도 갚아야만 했다. 그런데 그 사나이의 주머니에는 한 푼의 돈도 없었다.

그는 걱정이 되어 잠을 이루지 못했다. 침대에서 뒤척거리다가 방안을 서성거리기도 했다. 그 모습을 가만히 지켜보던 아내가 물었다.

"여보, 대체 왜 그러세요? 무슨 근심이 있으세요?"

"내일 빌린 돈을 갚아야 하는데, 한 푼도 없으니 어찌해야 할지 모르겠소."

"당신도 참 딱하시구려. 그렇다면 오늘밤 정작 잠을 못 이루고 서성거려야 할 인간은 그 친구잖아요."

102
• 신비로운 비밀

남성은 지혜의 비밀을 가지고 있으며, 여자는 이해의 비밀을 가지고 있다. 순결한 성행위는 지식의 비밀에 속한다. 적절한 성행위는 더 높은 정신적 만족을 가져다줄 것이다. 이보다 더 위대한 비밀은 남자와 여자가 서로 결합할 수 있도록 딱 맞는 신체를 가지고 있다는 사실이다.

103
• 착한 인간

세상에는 꼭 필요한 것이 네 가지 있다. 금, 은, 철, 동이 그것이다. 하지만 다른 어떤 것으로도 대신할 수 없는 것이 있으니 그것은 바로 착한 인간이다.

착한 인간은 커다란 야자나무처럼 무성하고, 레바논의 큰 삼나무와 같이 늠름하다. 야자나무는 한 번 베어버리면 다시 성장할 때까지 4년이나 걸리며, 레바논의 삼나무는 아주 먼 곳에서도 보일 정도로 크고 웅장하다.

104
칭찬의 대상

다른 인간을 칭찬할 줄 아는 인간이야말로 칭찬을 받을
만한 인간이다.

105
• 효심 깊은 아들

어느 부부가 아이 둘을 두고 있었다. 모두 아들이었다. 그런데 그중 하나는 다른 남자와의 불륜으로 태어난 아이였다. 그러나 남편은 그 사실을 까마득히 모르고 있었다.

어느 날 남편은 아내가 다른 인간에게 그 사실을 얘기하는 것을 우연히 들었지만, 누가 친아들인지는 알 수 없었다.

어느덧 세월이 흘러, 그는 병석에 눕게 되었다. 다시 일어날 수 없는 상황이 되자, 죽음을 예감한 그는 친아들에게 자기 재산을 물려주겠다는 유언장을 써 놓았다.

그가 죽자, 랍비가 그의 유언장에 따라 누가 그의 친아들인지를 가려내야만 했다.

랍비는 두 아들을 죽은 아버지 무덤 앞에 불러놓고 큰 막대기를 주며, 그 막대기로 무덤을 파헤쳐보라고 말했다. 그러자 한 아들이 아버지 묘를 훼손하는 불경한 짓을 할 수 없다고 극구 버텼다.

그러자 랍비가 그를 보고 말했다.

"네가 진짜 저 인간의 친아들이구나."

106
· 쓸모없는 것은 없다

다윗 왕은 거미를 끔찍이 싫어했다. 지저분하게 아무데나 줄을 치는 모습을 볼 때마다 아무짝에도 쓸모없는 벌레라고 생각하곤 했다.

이런 그가, 어느 날 전쟁터에서 적군에게 포위되어 자기 한 몸조차 빠져나갈 수 없는 상황에 처했다. 다급해진 그는 결국 동굴 속에 몸만 숨기게 되었는데, 마침 그 동물 입구에 거미 한 마리가 거미줄을 치기 시작했다.

그를 추격하던 적군의 병사들이 뒤따라서 바로 그 동굴 앞까지 왔다. 그러나 그들은 동굴 입구에 거미줄이 쳐져 있는 것을 보고, 안에 인간이 들어갔으리라고 생각지 않았기에 그냥 돌아갔다.

107
• 선행과 쾌락의 차이

배 한 척이 외롭게 바다 위를 항해하고 있었다. 그런데 도중에 갑자기 폭풍우가 일어 높은 파도에 휩쓸려 그만 뱃길을 잃고 말았다. 길을 잃은 배 앞으로 섬 하나가 보였다. 인간들은 그 섬에 닻을 내리고, 잠시 쉬어가기로 의견을 모았다.

그 섬은 무척 아름다웠다. 각양각색의 꽃들이 눈부시게 자태를 뽐내고 있었으며, 녹음이 울창한 나무들은 탐스러운 열매를 맺고 있었다. 또한 예쁜 새들도 쉬지 않고 흥겹게 노래했다.

어떤 이들은 섬을 구경하는 동안 순풍이 불어오면 배가 떠나버릴지도 모른다는 걱정과 함께 빨리 고향으로 돌아가고 싶은 마음 때문에, 섬에 오르지 않고 그냥 배에 남아 있었다.

또 다른 어떤 이들은 재빨리 섬으로 올라가 향기로운 꽃 냄새를 맡기도 하고, 시원한 나무 그늘 아래에서 맛있는 열매를 따먹기도 했다. 그런 다음 생기를 되찾자, 곧장 배로 돌아왔다.

그리고 또 다른 어떤 이들은 섬 주변 이곳저곳을 구경하며 지나치게 오랜 시간을 지체하다 바람이 불어오자 배가 있는 곳으로 허겁지겁 달려왔다. 때문에 그들은 섬에서 소지품까지 잃어버렸고, 배 안에 잡아놓았던 자신들의 좋은 자리를 다른 이들에게 빼앗기고 말았다.

그런가 하면 선원들이 다시 닻을 올리는 것을 보고서도, 선장이 자신들을 남겨두고 떠나지는 않을 것이라 생각하고 그냥 섬을 돌아다니는 이들도 있었다. 그러다가 그들은 배가 정말로 그 섬을 출발하자, 그제야 사태의 심각성을 깨닫고 헤엄을 쳐서 가까스로 배에 올랐다. 그들이 너무 서두르는 바람에 바위나 뱃전에 부딪혀 입은 상처는 배가 목적지에 도착할 때까지도 아물지 않았다.

또 다른 이들은 섬의 아름다운 경치에 빠져 시간가는 줄도 모르고 열심히 열매를 따먹다가, 배가 떠나는 것을 눈치 채지 못했다. 그들은 결국 숲속에 있는 사나운 짐승들의 먹이가 되거나, 독 있는 열매를 먹고 탈이 나거나 해서 결국 모두 죽고 말았다.

배는 인생에서의 선행이고, 섬은 쾌락이다.

108
• 기다림

오이는 싹이 갓 돋은 상태만으로는 그 맛을 예측할 수 없다.

109
우둔한 신자

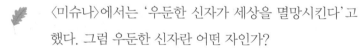
〈미슈나〉에서는 '우둔한 신자가 세상을 멸망시킨다'고
했다. 그럼 우둔한 신자란 어떤 자인가?

어린아이가 강에 빠지는 것을 보고도 그를 구하기 전에 "기도
를 마칠 때까지만 기다려다오"라고 말하는 자가 있었다. 하지만
그가 기도를 마치고 아이를 구하러 갔을 때 아이는 이미 익사한
후였다. 이 같은 자가 바로 우둔한 신자다.

110
• 선의의 거짓말

다음 두 가지 경우에는 거짓말을 해도 좋다.

첫째, 어떤 손님이 이미 물건을 구입한 후에 어떠냐고 의견을 물으면, 설령 그것이 좋지 않아도 '좋다'고 거짓말을 하라.

둘째, 친구가 결혼을 했을 때는 무조건 '부인이 정말 미인이니 부디 행복하게 살라'고 거짓말을 하라.

111
⦾ 장사꾼의 지혜

어떤 장사꾼이 큰 도시로 물건을 사러 갔다. 그런데 며칠만 있으면 물건을 아주 싼값에 살 수 있다는 소식을 듣고 그때까지 기다리기로 작정했다. 그리곤 몸에 지니고 있던 돈 전부를 다른 이들의 눈에 잘 띄지 않는 곳에 파묻어 두었다.

그러나 다음날 그곳에 가보니 돈이 감쪽같이 사라지고 없었다. 아무리 생각해봐도 몰래 숨겨놓은 돈이 없어진 이유를 알 수가 없었다.

주변을 살펴보니, 그리 멀지 않은 곳에 집이 한 채 보였다. 그가 그 집에 가까이 다가가서 살펴보니, 벽에 작은 구멍이 하나 뚫려 있었다. 그 집에 살고 있는 누군가가 구멍으로 그의 행동을 유심히 살펴보고 있다가, 나중에 그가 떠난 다음에 훔쳐간 것이 틀림없는 것 같았다.

그는 그 집의 주인을 만나 은근히 떠보았다.

"저는 지방에서 물건을 사러 왔습니다. 주인께서는 이 큰 도시에 살고 있으니 저보다 세상 물정을 더 잘 아실 거라 생각되어 상의 드리려고 왔습니다. 저는 은화 500개가 든 돈주머니와 800개가 든 돈주머니를 가지고 있었는데, 그중 작은 돈주머니를 저만 아는 곳에 묻어놓았습니다. 나머지 큰 돈주머니를 어떻게 해야 할지 몰라 걱정입니다. 이것도 몰래 묻어두는 것이 좋을지, 아니면 누군가 믿을 만한 자에게 맡겨두는 것이 좋을지 모르겠습니다."

집주인이 대답했다.

"나는 그 누구도 믿을 수 없다고 생각합니다. 내가 당신이라면 작은 돈주머니를 숨겨둔 곳에 똑같이 큰 돈주머니도 숨겨두겠습니다."

장사꾼이 돌아가자, 욕심 많은 그 집 주인은 훔쳐간 돈주머니를 다시 제자리에 갖다 묻어놓았다.

장사꾼은 숨어서 그의 행동을 지켜보고 있다가, 그가 돌아가자 돈주머니를 파내어 이내 길을 떠났다.

112
신성한 성행위

부부간의 성교는 신성하고 깨끗한 것이며, 성 자체를 추악하거나 불순한 것으로 보아서는 안 된다.

조물주가 어찌 흠이 있는 것을 만들어냈겠는가? 만약 그랬다면 이미 많은 인간들에게 발견되었을 것이다. 완전무결하신 하느님은 전지전능하시다. 그분은 남자와 여자를 창조하시고 그들의 신체 기관을 만드셨다. 그중에 사악한 것은 없다.

113
장님과 등불

한 젊은이가 캄캄한 밤에 거리를 지나고 있었다. 그때 맞은편에서 장님이 등불을 들고 걸어오는 게 보였다.

젊은이는 그 이유를 알 수가 없어, 장님에게 넌지시 물어보았다.

"앞도 보지 못하면서, 불은 왜 들고 다닙니까?"

그러자 장님이 이렇게 대답했다.

"내가 불을 들고 걸어가면, 눈 뜬 누군가가 나를 알아보고 피할 수 있을 테니까요."

114
• 현모양처

남자는 아내를 맞이해 가정을 이루어야 비로소 죄가 사라진다. 그래서 '현모양처를 얻는 것은 하느님의 은혜를 입는 일이다'라는 말이 있다. 남자와 여자의 결합 없이는 하느님을 보지 못한다.

115
· 자선의 중요성

 평생을 이기적으로 살아온 남자가 있었다. 임종을 앞두고 그는 가족들에게 먹을 것을 좀 가져달라고 말했다.

"삶은 달걀이 있으면 좀 먹고 싶구나."

가족들이 막 삶은 달걀을 가져다주었을 때 거지가 찾아왔다.

"저를 가련히 여기시어 먹을 것 좀 나눠주세요."

임종을 눈앞에 둔 남자는 가족에게 자신을 위해 준비한 음식을 거지에게 주라고 했다. 그리고 사흘 후 그는 세상을 떠났다. 남자는 죽은 뒤 아들에게 나타났다. 깜짝 놀란 아들이 물었다.

"아버지, 지금 계신 곳은 어떠세요?"

"너는 살아서 자선을 많이 베풀어라. 이제 와서 생각해보니 내가 한 유일한 자선은 죽기 전 거지에게 삶은 달걀을 준 게 전부더구나. 난 여기에서 삶은 달걀만 먹고 있단다."

116
생명을 낳는 성

성은 '생명의 강'이다. 강물은 때로는 홍수를 일으키고 세상의 온갖 것을 파괴하기도 하지만, 반면에 갖가지 풍성한 열매를 맺게 하며 이 세상에 유익을 주기도 한다.

117
품삯의 가치

어떤 왕이 아주 커다랗고 훌륭한 포도 농장을 갖고 있
었다. 많은 백성들은 그곳에서 일하여 얻은 수입으로
생활했다. 그곳에서 일하는 자 중 누가 봐도 매우 뛰어난 젊은이
가 있었다.

왕은 그 젊은이와 함께 농장 안을 거닐며 대화를 나누었다. 그
바람에 그 젊은이는 두 시간밖에 일을 하지 못했다.

하루 일이 끝나자, 많은 이들이 품삯을 받기 위해 차례로 길게 줄을 섰다. 그날도 똑같은 품삯이 모든 백성에게 지불되었다. 두 시간밖에 일을 하지 않은 젊은이에게도 똑같은 돈이 지불되자, 다른 백성들이 불평을 늘어놓기 시작했다.

"누구는 두 시간만 일해도 하루치를 받는군. 나라님과 같이 있었다고 특혜를 받는 건가? 이건 정말 불공평한 처사야!"

백성들이 웅성거리자, 이 소리를 들은 왕이 이렇게 말했다.

"다른 누군가가 하루 종일 해야 할 일을 두 시간도 되지 않아 끝내는 자에게는 이보다 더 후한 상을 내려도 아깝지 않도다!"

118
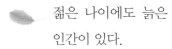
• 젊음

젊은 나이에도 늙은 인간이 있다.

119
진정한 돈의 의미

돈은 나쁜 것이 아니며 더욱이 저주의 대상도 아니다. 그것은 인간의 축복을 위한 것이다.

120
남녀관계의 비밀

유대인 사회에서는 남자아이가 태어나면 삼나무 묘목을 심고, 여자아이가 태어나면 소나무 묘목을 심는 풍습이 있었다.

그리고 두 남녀가 결혼할 때, 그 삼나무 가지와 소나무 가지로 '하늘 지붕'을 만들어 두 인간을 덮어준다.

신부가 '하늘 지붕' 밑으로 들어가는 것은 누구나 알고 있으나, 그 다음에 '하늘 지붕' 밑에서 어떤 일이 일어나는가는 어느 누구도 말하지 않는다.

121
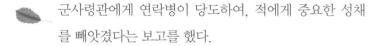 속마음을 들키지 말라

군사령관에게 연락병이 당도하여, 적에게 중요한 성채
를 빼앗겼다는 보고를 했다.

군사령관은 눈에 쌍심지가 오르며 표정이 굳어졌다.

그러자 부인이 군사령관을 자기 방으로 조용히 불러 말했다.

"저는 성채를 빼앗긴 것보다 더 나쁜 일을 당했답니다."

"그게 무슨 말이오?"

"저는 당신 표정에서 당신이 당황한 것을 읽었습니다. 성채야 당장 잃어버렸다고 하더라도 다시 빼앗을 수가 있습니다. 그러나 군사령관이 용기를 잃는 것은 당신 군대를 전부 잃는 것보다도 훨씬 더 나쁜 것입니다."

122
• 마음이 막힌 부자

한 제자가 랍비에게 물었다.

"선생님, 가난해서 가진 게 없는 인간들은 있는 것, 없는 것 가리지 않고 나누면서 서로가 서로를 돕고 사는데, 부자들은 왜 돈도 많고, 창고에 곡식이 가득한데도 남을 도와주지 않는 걸까요?"

랍비는 유리창을 가리켰다.

"무엇이 보이는가?"

유리창 밖을 내다본 제자가 대답했다.

"나무가 보입니다."

이번에는 거울을 가리켰다.

"무엇이 보이는가?"

"제 얼굴이 보입니다."

고개를 끄덕인 랍비가 말했다.

"유리창도, 거울도 다 똑같이 유리로 되어 있다. 유리창은 막힘이 없어서 그 뒤에 서 있는 나무를 볼 수 있다. 하지만 거울은 뒷면이 막혀서 반사된 자신의 얼굴밖에 볼 수 없단다. 마찬가지로 가난한 인간들은 유리창처럼 마음이 활짝 열려 있어서 서로 돕고 살지만 마음이 막힌 부자는 남을 돕지 않는 거란다."

123
가정의 중요성

네 아내를 존경하라. 결국 네 자신을 풍요롭게 할 것이다. 네 아내에게 언제나 존경받을 수 있는 남편이 되라. 가정의 모든 행복은 아내에게 달려 있다. 네 아내의 키가 작다면 허리를 굽혀 이야기하라. 남자가 먹고 마시는 돈과 의복에 쓰는 돈은 재산을 초과해서는 안 되지만, 아내를 사랑하고 아이들을 키우는 데 필요한 돈은 재산을 뛰어넘어도 괜찮다.

그들은 남편에 기대어 살지만, 그는 하느님에 기대어 살기 때문

이다. 그러므로 젊은이여, 고개를 들어 너희의 짝을 찾아라. 외
모에 현혹되지 말고 가정을 생각하라.

124
 술

술이 머리에 들어가면 비밀이 새어나온다.

125
부의 의미

어느 날 갑자기 벼락부자가 된 자가 있었다.

랍비 힐렌은 그에게 말 한 필과 마부를 선물로 주었다.

그런데 어느 날 마부가 보이지 않았다. 그 벼락부자는 자신이 직접 말을 끌고 5천 킬로미터나 걸어서 갔다.

126
◦ 현명한 신하

어떤 왕이 신하들을 위해 잔치를 베풀 예정이었다. 그러나 잔치가 열리는 시간은 알려주지 않았다.

현명한 신하는 임금이 베푸는 잔치에 언제든 참석할 수 있게끔 모든 준비를 하고 대궐 앞에서 왕의 초대를 기다린다. 그러나 어리석은 신하는 잔치를 준비하려면 시간이 꽤 오래 걸릴 테니 시간이 충분하다고 생각하고, 느긋하게 행동한다.

막상 대궐에서 잔치가 열리면 현명한 신하는 바로 참석하여 왕이 베풀어준 맛있는 음식을 즐길 수 있다. 하지만 어리석은 신하는 잔치에 참석조차 할 수 없다.

127
• 포근한 마음의 조건

좋은 음악, 조용한 풍경 그리고 그윽한 향기는 인간의
마음을 포근하게 해준다.

128
• 마음을 조절하라

인간의 몸속에는 여섯 개의 가치 있는 부분이 있다.
이 가운데에서 세 개는 스스로 조절할 수 없지만, 나머
지 세 개는 자기 마음대로 조절할 수 있다.
스스로 조절할 수 없는 가치 있는 세 부분은 눈과 귀와 코다.
마음대로 조절할 수 있는 가치 있는 세 부분은 입과 손과 발
이다.

129
• 공부의 때

하루 동안 공부하지 않은 것을 다시 하려면 이틀이 걸린다. 이틀 동안 공부하지 않은 것을 다시 하려면 나흘이 걸린다. 일 년간 공부하지 않은 것을 다시 하려면 이 년이 걸린다.

130
• 술 취함을 조심하라

태초에 인간이 포도나무를 심고 있을 때, 악마가 찾아와서 물었다.

"무엇을 하고 있느냐?"

인간이 대답했다. "지금 기가 막히게 좋은 열매가 달리는 식물을 심고 있는 중일세."

악마가 믿지 못하겠다는 듯 고개를 갸우뚱했다.

그러자 인간이 악마에게 다음과 같이 설명해 주었다.

"이 식물이 자라면 아주 달콤하고 맛있는 열매가 주렁주렁 열리게 된다네. 그 열매의 즙을 짜서 마시면 누구나 행복해진다고."

악마는 인간에게 자기도 함께 식물을 키우게 해달라고 애원하고는 양과 사자와 원숭이와 돼지를 차례로 끌고 왔다. 그리고는 그 짐승들을 죽인 다음 그 피로 차례차례 거름을 주었다.

포도주는 이렇게 해서 세상에 처음 생겨났다.

그래서 술을 처음 마시기 시작할 때는 양처럼 온순하지만, 조금 더 마시면 사자처럼 사나워지고, 그보다 더 마시면 원숭이처럼 춤추고 노래 부르게 된다. 그 상태에서 더욱 많이 마시게 되면 토하고 뒹굴고 하면서 돼지처럼 추해진다.

131
이유 없는 것은 없다

결혼을 하는 이유는 행복을 얻기 위함이고, 장례식에 참석하는 이유는 잊기 위함이며, 수업에 참석하는 이유는 듣기 위함이며, 강의를 하는 이유는 정신을 집중하기 위함이다. 금식하는 이유는 아낀 돈으로 자선을 베풀기 위함이다.

132
· 순수하고 깨끗한 아이들

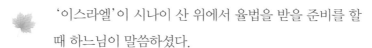 '이스라엘'이 시나이 산 위에서 율법을 받을 준비를 할 때 하느님이 말씀하셨다.

"절대적인 담보물 없이는 율법을 받을 수 없다."

'이스라엘'이 가져온 담보물을 보고 하느님이 말씀하셨다.

"이 담보물은 믿음이 가지 않는구나. 이것보다 더욱 좋은 담보물을 가져오너라."

'이스라엘'이 말했다.

"저희 선지자들을 담보로 삼겠습니다."

"그렇게는 안 된다. 나의 아들들아, 이 담보물로는 부족하다. 더 귀중한 담보물을 가져오너라."

"우주의 주재자이시여, 그렇다면, 저희 자식들을 담보물로 삼겠습니다."

마침내 하느님께서 말씀하셨다.

"순수하고 깨끗한 아이들에게 나는 희망을 보았도다."

133
• 비밀을 털어놓는 방법

마치 숨어 사는 것처럼 생활하던 여자가 있었다. 그녀는 친구들과 사랑하는 이가 지나갈 때 비밀스럽게 창문을 열고 눈으로 한 번 쳐다본 뒤 조용히 물러났다. 자신의 모습을 아무에게나 보여주지 않았으며 언제나 같은 방법을 사용하지도 않았다.

처음에는 두꺼운 베일을 쓰고 지나가는 이들에게 인사를 건넨다. 그리고 그녀는 가벼운 목소리로 몇 마디 대화를 나누면서 거리를 서서히 좁혀간다. 하지만 그녀의 얼굴은 여전히 신비스러운 베일에 가려져 있고 자세히 보이지 않는다. 다음에 그녀는 점점 대화의 길이를 늘려가며 서서히 얇은 베일로 고쳐 쓴다.

그렇게 상대가 그녀의 방법에 익숙해지면 그녀는 얼굴을 드러내고 자신의 속마음과 은밀한 비밀을 털어놓게 된다.

134
• 한 몸으로 지어진 남자와 여자

 어느 날 랍비를 찾아온 청년이 물었다.

"선생님, 남자는 여자에게 잘 유혹됩니다. 도대체 그 이유는 무엇입니까?"

랍비가 청년에게 대답했다.

"그것은 하느님께서 남자인 아담의 갈비뼈로 여자인 이브를 만들었기 때문이지."

"그게 무슨 뜻입니까?"

"남자는 자기가 잃어버린 갈비뼈를 되찾으려 하기 때문이란 말일세."

135
혀의 위력

암사자의 젖을 먹어야만 낫게 할 수 있는 희귀한 병에 걸린 왕이 있었다. 그러나 암사자의 젖을 구한다는 것은 결코 만만한 일이 아니었다. 왕의 병세가 점점 깊어지자, 그 소문이 모든 백성들에게 퍼졌다.

그러자 한 인간이 용기를 내어 사자가 있는 동굴에 접근했다. 그는 어린 새끼 사자를 한 마리씩 어미 사자에게 넣어주며 어미사자와 친해지려고 노력했다. 열흘 가량이 지나자, 어미 사자는 그를 꺼려하거나 으르렁대지 않았다. 어미 사자와 친해진 그는 사자의 젖을 조금씩 짜내어 병에 담았다.

마침내 왕의 병을 치료할 수 있을 정도의 암사자 젖을 구한 그는 궁전으로 발걸음을 옮겼다.

그런데 궁전을 향해 가는 길에 그의 신체 부위들이 서로 싸움을 해댔다. 신체의 어느 부위가 가장 중요한 역할을 했느냐를 가지고 말다툼을 벌이는 것이었다.

먼저 눈이 나섰다. "눈이 없었다면, 앞을 보지 못하는데 어떻게 그곳까지 갈 수가 있었겠어? 그러니까 이번 일로 훈장을 받을 만한 자격이 있는 것은 바로 눈이야, 눈!"

심장이 눈의 말을 가로막았다. "말도 되지 않는 소리 하지 마. 담력이 없으면 사자 근처에도 가지 못했을 테니까, 그 공은 내 것이야."

발도 지지 않고 끼어들었다. "발이 없었으면 어떻게 사자가 있는 동굴까지 갈 수 있었겠어? 그러니까 내가 제일 큰 공을 세운 거야."

이번에는 혀가 나섰다. "그래봐야 뭘 해? 말을 할 수 없으면 아무 소용이 없는데, 그러니까 모든 공은 나에게 돌아올 거야."

그러자 다른 신체 부위들이 모두 들고 일어나 혀의 말문을 막았다.

"조그맣고 뼈도 없는 주제에 어디다 대고 건방지게 굴고 있어? 까불지 말고 가만히 있어!"

그가 무릎을 꿇고 왕에게 암사자의 젖을 내놓자, 왕이 의아한 표정으로 물었다.

"이것이 무슨 젖이냐?"

그가 왕의 질문에 이렇게 대답했다.

"네, 개의 젖입니다."

혀가 엉뚱한 대답을 하자, 조금 전까지 공을 다투던 신체의 각 부위들이 그때서야 혀의 위력을 깨닫고 혀에게 잘못을 빌었다.

그러자 혀가 얼른 다시 말을 바꿨다.

"제가 잘못 말씀드렸습니다. 이것은 진짜 암사자의 젖입니다."

136
• 사악한 충동

하루는 어느 선현이 우연히 한 남녀의 말을 듣게 되었다.

"이리 오세요, 우리 같이 가요."

선현은 그들이 죄를 지을 거라 생각하고 말려야겠다는 생각으로 그들을 뒤따라갔다. 남녀는 목장을 여러 개 지나고 먼 길을 동행했지만, 그가 생각하는 일은 일어나지 않았다.

"당신과 함께 해서 즐거웠어요, 아직 갈 길이 많이 남았네요."

이들의 작별 인사를 들은 선현은 놀라며 생각했다.

"만약 나였더라면 욕망을 참지 못했을 거야."

결국 스스로에게 실망만 하고 다시 왔던 길을 돌아가는데, 한 노인이 그를 보며 말했다.

"위대한 인간일수록 사악의 충동이 더 심한 법이지요."

137
• 명성

 명성은 좇아가면 잡을 수 없지만, 피하려고 하면 할 수록 저절로 따라온다.

138
• 선과 악의 공존

 옛날 대홍수가 이 세상을 휩쓸자, 온갖 동물들이 노아의 방주로 몰려들어 구원을 요청했다. 이때 선(善)도 급히 달려왔으나, 노아는 짝이 없는 것은 배에 태워줄 수 없다고 하면서 매정하게 배에 타는 것을 거절했다. 선은 할 수 없이 다시 숲으로 돌아가, 자기 짝인 악(惡)을 찾아서 데리고 노아에게 돌아왔다.

이때부터 선이 있는 곳에는 언제나 악이 함께 있게 되었다.

139
• 계약은 신중하게

 고용주와 종업원이 있었다. 종업원은 고용주를 위해 일을 하고 일주일 단위로 임금을 받기로 계약했다.

그런데 임금을 현금으로 주는 것이 아니라, 근처의 상점에서 그 임금에 상당하는 물건을 사라는 것이었다. 그러면 고용주는 상점에 대금을 지불한다는 조건의 계약이었다.

첫 일주일이 지난 후 종업원은 불만스러운 얼굴로 고용주를 찾아와서 말했다.

"상점에서는 현금이 아니면 물건을 팔지 않겠다고 하니 현금으로 주십시오."

그런데 조금 후에는 상점 주인이 찾아와서 이렇게 말하는 것이었다.

"댁의 종업원이 가져간 물건 대금을 받으러 왔습니다."

이럴 때는 양쪽 모두에게 고용주가 지불을 해주도록 한다.

종업원은 상점 주인의 청구와는 직접적인 관계가 없다. 그리고 상점 주인도 종업원과는 직접적인 관계가 없다. 그러나 고용주는 양쪽 모두에 직접적인 관계가 있으므로, 양쪽 모두에게 책임이 있다. 계약은 경솔하게 맺어서는 안 된다.

140
아름다운 행위

죽은 자의 무덤을 찾는 것이야말로 가장 훌륭한 행위
이다. 병문안은 환자가 나으면 그 환자로부터 감사의
인사를 받을 수 있지만, 죽은 자는 아무런 인사도 할 수 없기 때
문이다. 아무런 감사를 바라지 않고 하는 행위야말로 진정으로
아름다운 행위인 것이다.

141
유대인의 판단 기준

유대인은 다른 민족을 다음과 같은 세 가지 기준으로 판단한다.

1. 지갑 : 돈을 어디에 어떻게 사용하는가?
2. 술잔 : 술 마시는 자세는 어떤가?
3. 분노 : 인내력은 어느 정도인가?

142
• 여덟 가지 주의 사항

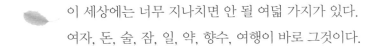

이 세상에는 너무 지나치면 안 될 여덟 가지가 있다.
여자, 돈, 술, 잠, 일, 약, 향수, 여행이 바로 그것이다.

143
• 헛된 인생

아침에 늦게 일어나고, 낮에는 술에 취해 있으며 저녁
에 쓸데없는 온갖 잡담으로 하루를 보내는 것은 인간의
일생을 헛되게 만든다.

144
• 현인과 거지

어떤 마을에 태도가 경건하고 정직한 인간이 있었다.

그는 평소 현인이나 성인들을 만나고 싶어 했기 때문에 열심히 모든 것을 올바르게 행하며 그들이 오기를 기다렸다.

일 년이 지나도록 그는 날마다 현인을 기다렸다.

하루는 누더기를 걸친 거지가 찾아왔다.

"하룻밤만 신세를 지게 해주세요."

그는 현인을 기다리던 중에 거지가 찾아오자 무척 실망스러

운 목소리로 말했다.

"여기는 여관도 식당도 아니오."

"밥이라도 한 술만……."

그는 애원하는 거지를 내쫓아 버렸다. 그의 늙은 아버지는 아들의 몰인정한 소행을 보고 이렇게 말했다.

"그 인간이 바로 네가 오랫동안 기다렸던 현인일지도 모른단다."

145
• 솔로몬 왕과 여왕개미

어느 날 솔로몬 왕은 하느님으로부터 굉장한 선물을 받았다. 그것은 비단으로 짠 카펫이었는데, 그것을 타면 하늘을 날아 어디든지 갈 수가 있었다.

그 덕분에 솔로몬 왕은 아침 식사와 점심 식사를 각각 서로 다른 나라에서 즐기는 꿈같은 나날들을 보내고 있었다. 그런 자신이 스스로도 위대해 보였다.

하루는 그가 융단을 타고 하늘을 날고 있을 때, 아래에서 말하는 여왕개미의 목소리가 들려왔다.

"융단의 사나이가 위에서 날고 있으니까 모두 숨도록 해!"

솔로몬 왕은 땅 위로 내려와 여왕개미를 붙잡고 물었다.

"넌 왜 모든 개미들에게 내게서 숨으라고 말했지?"

"그건 세상에서 당신이 가장 위대하다고 착각하고 있기 때문입니다. 그것은 아주 위험하고 무서운 생각이지요."

솔로몬 왕은 여왕개미를 보고 웃으며 말했다.

"내가 진짜 위대하다는 것을 보여주겠다. 넌 너무 작아서 나처럼 높이 날 수는 없을 것이다."

솔로몬 왕은 여왕개미를 초대하여 융단에 태우고 날아올랐다. 하늘 높이 올랐을 때, 여왕개미는 왕의 머리 위를 윙윙 날아다니며 말했다.

"보세요. 내가 더 높이 날잖아요."

146
• 선함과 악함

 존경하는 스승에게 제자가 물었다.

"경건한 자가 인간들에게는 올바르게 살도록 강권하지 않는 것은 무슨 까닭입니까?"

스승의 물음에 제자는 대답했다.

"그들은 항시 착한 일을 행하고 올바르게 살도록 인간들에게 권하고 있지 않느냐?"

"그러나 악한 자가 인간들에게 악한 짓을 하도록 유혹하는 쪽이 훨씬 강한 힘을 가지고 있으며, 또 인간들은 악한 짓을 하는 패거리를 늘리고자 할 때에 우리들보다도 더욱 열심히 하고 있습니다."

 제자의 말에 스승은 답변했다.

"올바른 일을 행하고 있는 인간은 혼자 걷기를 두려워하지 않는 법이라네. 그러나 나쁜 짓을 하는 자는 그렇지 않기 때문이지."

147
• 배움의 열성

 한 가난한 청년이 있었다. 이 청년은 너무나 가난해서 빵을 사먹을 돈도 없었지만 공부를 하고 싶었다. 청년은 공부를 하고 싶은 마음에 학교 지붕에 올라가 햇빛이 통하는 창에 매달려 수업을 들었다.

하지만 청년은 배고픔에 지쳐 창문에 매달려 잠들고 말았다.

다음날 아침, 교실에서 아침 강의가 시작되었다.

"날씨가 맑은데 교실이 왜 어두울까?"

고개를 갸웃거리며 천장을 바라본 한 학생이 소리쳤다.

"저기 보세요. 선생님, 누가 창문을 막고 있어요!"

랍비와 제자들은 모두 깜짝 놀랐다. 랍비와 덩치 큰 제자는 지붕으로 후다닥 올라가 청년을 끌어내렸다.

이렇게 해서 목숨을 건진 청년에게 랍비가 말했다.

"나는 자네의 배우고자 하는 열성에 감동했다네. 그래서 우리는 자네한테 수업료를 받지 않기로 했다네."

그 후부터 유대인 학교에서는 수업료를 받지 않는 전통이
생겨났다.

148
경건의 중요성

경건, 정직, 공평, 선량, 자비, 진실, 화목은 하느님이
인간에게 부여한 일곱 가지 품성이다. 이는 인간이 갖
추어야 할 최고의 미덕이다. 경건은 인간과 하느님의 관계를 유
지해주는 기본적인 원칙이기 때문에 가장 먼저 거론된다.

바구니에 빵을 가지고 있으면서도 내일 먹을 것을 고민하는
이는 경건함이 부족한 인간이다.

149
• 믿음의 차이

누군가 네게 "일을 했으나 아무런 결과도 얻지 못했다"고 한다면 그를 믿지 말라. 누군가 네게 "아무것도 하지 않았으나 좋은 결과를 얻었다"고 한다면 그도 믿지 말라. 누군가 네게 "일을 하고 좋은 성과를 거두었다"고 한다면 그를 믿어라.

150
• 경건한 신자

어떤 마을에 스스로 경건한 신자임을 자처하는 사나이가 있었다. 그는 예배당에 잘 다니고 있지만 실제 품행은 매우 나쁜 사나이가 있었다.

하루는 목사가 그를 불러 품행을 바르게 하라고 주의를 주었다. 그러자 그 사나이가 말했다.

"나는 정해진 날에는 꼬박꼬박 예배당에 다니는 경건한 신자인뎁쇼."

"여보게나, 동물원에 매일 간다고 해서 인간이 동물이 되는 건 아니잖은가?"

151
• 장사꾼의 마음

등짐을 잔뜩 진 장사꾼이 터벅터벅 걸어가고 있었다.

장사꾼이 길을 걷는 동안 그의 뒤에서 덜컹덜컹 소리가 들렸다. 장사꾼이 뒤를 돌아보니 랍비가 빈 마차를 몰고 오고 있었다. 랍비는 장사꾼을 태워주었다.

랍비가 보니, 장사꾼은 여전히 등짐을 지고 앉아 있었다.

"등짐이 무거워 보이는데, 내려놓지 왜 지고 있으시오?"

랍비가 묻자, 장사꾼이 대답했다.

"마차에 태워 주신 것만도 고마운데, 짐까지 싣기가 너무 미안합니다."

152
• 운동의 중요성

하루는 랍비 아키바의 제자 중 한 명이 병에 걸렸는데, 아무도 병문안을 가지 않았다. 제자가 아프다는 소리를 들은 아키바는 즉시 그를 찾아갔다. 제자는 스승이 온다는 이야기를 듣고 마당을 쓸고 물을 뿌리는 등 몸을 움직이기 시작했다.

그렇게 종일 청소를 한 제자는 자연스레 운동을 한 셈이 되었고, 서서히 병세가 호전되더니 저녁이 되자 언제 그랬냐는 듯 기력을 회복했다.

제자가 말했다.

"스승님께서 저를 살리셨습니다."

153
• 음식 예절

한 가정에 초대되어 극진한 대접을 받은 손님은 음식을 남김으로써 배가 부를 만큼 충분히 먹었다는 표시를 해야 한다. 만약 손님이 접시를 깨끗이 비웠다면 인간들은 이를 두고 주인의 대접이 불충분했다고 여길 것이다.

하지만 만약 주인이 "사양하지 마시고 더 드세요. 음식을 버릴 수는 없잖아요"라고 권한다면 접시를 깨끗하게 비우는 것이 예의다. 이런 권유에도 불구하고 음식을 남긴다면 손님은 음식을 낭비했다는 실례를 범한 것이다.

154

• 배려

인간은 심장(마음) 가까이에 젖이 있으나 동물들은 심장
에서 떨어진 곳에 젖이 있다. 이것은 하느님이 베풀어
준 깊은 배려의 덕이라 할 수 있다.

155
● 서로 다른 관점

랍비가 두 인간에게 이렇게 말했다.

"나는 랍비이므로 인간들은 전적으로 나를 믿고 있소. 내가 두 인간에게 돈을 빌렸는데, 한 인간에게는 169세겔을 빌리고 다른 한 인간에게는 200세겔을 빌렸소. 그런데 어느 날 두 인간이 찾아와서 둘 다 200세겔씩 갚으라고 주장했소. 그러나 나는 누구에게 200세겔을 빌렸는지 기억할 수가 없소. 이럴 때는 과연 어떻게 하면 좋겠소?"

한 인간에게 말했다. "누구에게 200세겔을 빌렸는지를 기억할 수 없지만, 적어도 두 인간에게 100세겔을 빌린 것만은 틀림없지요. 두 인간에게 먼저 100세겔씩을 갚고 나머지 100세겔은 증거가 나올 때까지 법정에 맡겨두는 것이 좋습니다."

또 다른 인간이 말했다. "두 인간 중 한 명은 도둑이다. 그런데 똑같이 100세겔씩을 돌려준다면, 그 도둑에게는 손해될 것이 하나도 없다. 그렇게 해서는 사회정의가 실현되지 않는다. 그러니 두 인간에게 한 푼도 돌려주지 말고 진실이 밝혀질 때까지 법정에 예치해 두어야 한다."

어느 의견에 동의하는가?

156
● 선한 인간과 악한 인간

어느 날, 랍비를 찾아 온 청년이 물었다.

"선생님, 세상에는 선한 인간과 악한 인간이 있습니다. 그들에게는 어떤 차이가 있습니까?"

청년에게 랍비가 대답했다.

"인간은 세상에 사는 동안 많은 죄를 지으면서 살지, 선한 인간은 자기가 세상에 살아있는 한 죄를 지을 것이라는 걸 늘 생각하고 자기 가슴을 쿵쿵 치면서 산다네, 하지만 악한 인간은 자기가 죄를 짓고 있는 한 세상에 살아있을 것이라고 생각하고 남의 가슴을 쾅쾅 치면서 산다네."

157
● 순박한 페인트공

작은 보트를 한 척 가진 인간이 있었다. 그는 따뜻한 날이면 가족들을 호수로 데리고 가서 함께 뱃놀이도 하고 낚시를 즐기기도 했다.

날씨가 추워지기 시작하자 그는 보트를 뭍으로 끌어올렸다. 그런데 보트 밑바닥에 구멍이 하나 작게 뚫려 있는 것이 눈에 띄었다. 겨울이 지난 다음 날씨가 따뜻해지면 고쳐도 되겠거니 하는 생각으로, 구멍 난 바닥을 고치지도 않은 채 인간을 시켜 페인트칠만 새로 해두었다.

시간이 흘러 다시 봄이 되었다. 아이들이 보트를 호수에 띄우자고 조르자, 그는 보트에 구멍이 나 있었다는 사실을 까맣게 잊고 무심결에 허락하고 말았다.

아이들이 보트를 타러 나간 지 두 시간가량이 지났을 때에야 보트에 구멍이 뚫려 있었다는 사실이 불현듯 떠올랐다.

수영을 할 줄 모르는 아이들이 걱정이 되어, 그는 황급히 밖으로 뛰어나갔다.

호숫가로 달려가보니 이미 뱃놀이를 즐긴 아이들이 보트를 다시 끌고 돌아오고 있었다.

그는 보트 밑바닥을 유심히 살펴보았다. 그런데 보트 밑에 뚫려 있던 구멍은 이미 막혀 있었다. 페인트공이 보트에 페인트를 칠하면서 고쳐놓은 것이 분명했다.

그는 고마운 마음을 전하기 위해 선물을 들고 페인트공을 방문했다. 그러나 페인트공은 한사코 그가 주는 선물을 사양하며 말했다.

"페인트칠을 한 대가는 이미 받았습니다. 그러니 이 선물은 받을 수 없습니다."

그는 페인트공의 순박함에 다시 한 번 감사의 뜻을 표시했다.

"정말 고맙습니다. 부탁도 하지 않았는데, 구멍 난 곳까지 손질을 해준 덕택에 제 아이들이 목숨을 건졌습니다. 정말 고맙습니다."

조그마한 선행이 남에게 정말 큰 도움을 줄 수 있다.

158
• 선행의 의미

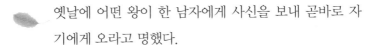 옛날에 어떤 왕이 한 남자에게 사신을 보내 곧바로 자기에게 오라고 명했다.

그 남자는 왕에게서 사신이 오자 자기가 뭔가 잘못을 저질러서 그것을 조사하려는 게 아닌가 하고 겁이 났다. 하지만 도무지 그 까닭을 알 수가 없었다.

이 남자에게는 세 명의 친구가 있었다.

첫 번째 친구는 서로가 최고라고 여길 만큼 아주 소중하게 생각하는 관계였다. 두 번째 친구 역시 서로가 아끼는 관계였지만, 첫 번째 친구만큼 소중하게 여기지는 않았다. 세 번째 친구는 가깝다고 여기기는 했으나 두 친구만큼 관심을 갖지는 못했다.

근심을 하던 그는 왕 앞에 갈 용기가 나지 않아, 세 친구에게 함께 가달라고 부탁했다.

　가장 먼저, 첫 번째로 소중하게 생각하던 친구에게 가서 부탁했다. 그러자 친구는 이유도 묻지 않고 '안 된다'고 잘라 말했다.

　할 수 없이 두 번째 친구에게 가서 부탁했는데, 그 친구는 성문까지는 같이 가주겠지만, 그 이상은 갈 수가 없다고 했다.

　하지만 세 번째 친구는, 그의 얘기를 듣자마자 대답했다. "물론 가주지. 자네는 잘못한 것이 아무것도 없지 않은가. 두려워

할 것 없네. 내가 함께 가서 왕에게 그렇게 말해 주겠네."

여기서 첫 번째 친구는 '재산'이다. 아무리 사랑하더라도 죽을 때는 남겨두고 갈 수밖에 없는 것이 재산이다. 두 번째 친구는 '가족'이다. 화장터까지는 따라가 주지만, 더 이상은 같이 가지 못한다. 세 번째 친구는 '선행'이다. 보통 때는 눈에 잘 띄지 않지만, 죽은 후까지도 함께 가는 것이 바로 선행이다.

159
• 존귀한 교사

히브리어의 '아버지'라는 말에는 '교사'의 뜻이 포함되어 있다. 가톨릭에서 신부를 'Father'라고 부르는 까닭도 그 말이 지닌 히브리어적인 의미 때문이다.

유대인 사회에서는 아버지보다 교사를 더욱 존귀하게 생각한다. 만일 아버지와 교사가 함께 감옥에 갇혔는데 그중 한 명만을 구해낼 수 있는 상황이라면, 아이들은 교사를 데리고 나온다. 유대인에게는 지혜와 지식을 전해주는 교사가 누구보다도 귀한 존재이기 때문이다.

160
젊은이와 돌멩이

한 젊은이가 자기 집 뜰의 돌멩이를 도로에 내다 버리고 있었다. 지나가던 노인이 물었다.

"왜 당신은 그런 짓을 하고 있는 거요?"

그러나 젊은이는 웃기만 할 뿐 대답이 없었다.

20여 년이 지나서 이 젊은이는 자기 땅을 팔았다. 그런데 다른 곳으로 가려고 첫발을 내딛는 순간, 전에 자기가 버린 돌멩이에 걸려 넘어지고 말았다.

161
• 일곱 가지 계율

 유대인은 유대인이 아닌 인간에게 다음 일곱 가지 계율을 당부한다.

첫째, 살아 있는 동물을 죽여서 바로 날고기로 먹지 말 것.

둘째, 남을 욕하지 말 것.

셋째, 도둑질하지 말 것.

넷째, 법을 어기지 말 것.

다섯째, 살인하지 말 것.

여섯째, 근친상간을 하지 말 것.

일곱째, 불륜 관계에 빠지지 말 것.

162
• 내기의 결과

어느 날 두 친구가 400세겔을 걸고 랍비 힐렐을 화나게 하는 자가 이기는 내기를 걸었다. 안식일 전날 저녁, 먼저 한 친구가 힐렐을 찾아갔다. 마침 그는 머리를 감을 준비를 하고 있었다.

"랍비 힐렐 안에 계세요?"

힐렐을 옷을 걸치고 밖으로 나왔다. "무슨 일로 찾아왔는가?"

"물어볼 게 있어서 찾아왔습니다."

"무엇인지 말해보게. "팔미라 인간들은 왜 시력이 그리 나쁜가요?"

"그건 그들이 사막에서 살기 때문이라네. 바람이 심하게 불어 모래가 눈에 들어가니 시력이 안 좋은 거라네"

힐렐의 설명에 그는 돌아가는 듯 했으나, 잠시 후 다시 문을 두드리며 그를 불렀다.

"랍비 힐렐, 어디 계세요?"

그 소리에 힐렐은 다시 옷을 갈아입고 나왔다.

"무슨 말인가?"

"물어 보고 싶은 게 있습니다."

"말해보게."

"아프리카인은 왜 평발인가요?"

"그건 그들이 물이 많은 지역에 살기 때문이네. 언제나 물속을 걸어 다니니 발이 평평해진 거라네."

힐렐의 설명을 들은 그는 다시 돌아갔다. 그런데 잠시 후 다시 돌아와 문을 두드렸다.

"랍비 힐렐, 계신가요?

힐렐은 또 다시 밖으로 나와 그에게 물었다.

"이번엔 어떤 문제를 내고 싶은가?"

"정말 궁금한 일이 있습니다."

"무엇인가?"

"이스라엘에 당신 같은 현인은 아마 없을 겁니다. 하지만 아무리 그래도 이번 질문에는 아마 대답하지 못할 것이오!"

"그대는 무엇이 궁금한가?"

"바빌로니아인의 얼굴이 유난히 긴 이유는 무엇입니까?"

"아주 중요한 질문을 해주었네. 그건 바빌로니아에는 숙련된 산파가 없기 때문이라네. 출산을 할 때 노예와 하인들은 그들의 자식을 무릎으로 안은 채 돌보아서 얼굴이 길어지는 거지. 팔레스타인처럼 숙련된 산파가 있어서 태어난 아기를 요람에 넣고 돌보았다면 둥근 얼굴이었을 거네."

힐렐의 말이 끝나자 그 친구는 화내며 말했다.

"지금 저는 당신 때문에 400세겔이나 잃었습니다!"

그러자 힐렐은 웃으며 말했다.

"내가 화를 내는 것보다 그대가 400세겔을 잃는 편이 훨씬 낫다네."

163
망각

인간은 20년에 걸쳐 배운 것이라도 단 2년 만에 배운 것을 잊어버릴 수 있다.

164
• 다이아몬드의 주인

어떤 랍비가 나무 장사를 하고 있었다. 산에서 나무를 베어 마을에 가져다 파는 데는 생각보다 시간이 많이 걸렸다. 그는 공부를 좀 더 하고 싶은 마음에 당나귀를 한 마리 사서 시간을 절약하기로 작정했다.

어느 날 그는 마을의 아랍 상인으로부터 당나귀를 사들였다. 그러자 그의 제자들이 더 기뻐하며 당나귀를 냇가로 데려가 물로 씻기기 시작했다.

그런데 당나귀를 씻어주던 제자가 갈기에 다이아몬드가 붙어 있는 것을 발견했다. 제자들은 스승이 가난에서 벗어나 자기들을 마음 놓고 가르칠 수 있게 되었다며 만세를 불렀다.

그러나 랍비는 제자들에게 따끔하게 일침을 놓으며, 그것을 당나귀를 판 인간에게 돌려주라고 일렀다.

"내가 산 것은 당나귀일 뿐이지, 다이아몬드가 아니다. 그러니 그것은 주인에게 돌려줘야 한다."

165
악처와 농부

 어떤 마을에 살고 있는 한 농부가 랍비를 찾아가 눈물을 글썽이며 호소했다.

"집도 작은데 아이들은 주렁주렁 딸린 데다가 제 아내만한 악처는 다시없을 것입니다. 아마도 이 나라에서 가장 악처일 겁니다. 아, 저는 어떡하면 좋을까요?"

"자네, 염소를 가지고 있는가?"

"물론이죠."

"그렇다면 염소를 집안에 들여놓고 기르게나."

농부는 의아한 얼굴을 하고 돌아갔다. 그런데 이튿날 다시 찾아와 말했다.

"견딜 수가 없습니다. 악처에다 염소까지! 더는 못 참겠습니다."

"닭을 기르고 있는가?"

"물론입니다."

"그럼 닭을 전부 집안에 들여 기르게나."

사나이는 또다시 의아한 표정으로 돌아갔다. 그리고는 이튿날 또 찾아왔다.

"이젠 세상이 끝장입니다!"

"그렇게 괴로운가?"

"마누라에다, 염소에다, 열 마리 닭에다! 하느님 맙소사!"

"그럼 염소와 닭을 모두 밖으로 내몰고 내일 다시 한 번 찾아오게나."

이튿날 그 가난한 농부는 다시 찾아왔다. 이번에는 혈색도 좋고 마치 '황금의 산'에서 나온 것처럼 두 눈이 번쩍번쩍 빛나고 있었다.

"염소와 닭을 모두 내몰았습니다. 집은 이제 궁전 못지않습니다!"

166
자백

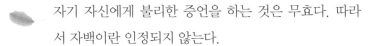 자기 자신에게 불리한 증언을 하는 것은 무효다. 따라서 자백이란 인정되지 않는다.

오랜 경험에 비추어 볼 때, 자백이라는 것은 흔히 고문 때문에 하는 경우가 많기 때문이다.

167
황제와 유대인

로마 황제들 중에서 유대인을 가장 싫어했던 황제는 하드리아누스이다.

하드리아누스 황제가 지나갈 때, 어떤 유대인이 공손하게 예의를 갖추며 인사했다.

그러자 황제가 그의 신분을 물었다. 그가 유대인이라고 대답하자 황제는 화를 내며 부하에게 명령했다.

"건방진 놈! 유대인 주제에 감히 로마 황제인 내게 인사를 하다니! 당장 저 유대인의 목을 쳐라!"

다음날, 또 다른 유대인은 황제가 지나가는 것을 보았지만 인사를 하지 않았다.

그러자 황제는 그의 신분을 물은 뒤 유대인이라는 대답이 돌아오자, 다시 화를 내며 명령을 내렸다.

"건방진 놈! 유대인 주제에 감히 로마 황제인 내게 인사를 하지 않다니! 당장 저 유대인의 목을 쳐라!"

옆에 있던 신하들이 황제에게 그 이유를 물어보았다.

"어제는 인사를 한 죄로 유대인을 죽이셨는데, 오늘은 인사를 하지 않은 죄로 유대인을 죽이셨습니다. 어느 쪽이 옳은 것입니까?"

황제가 대답했다.

"마음먹은 것을 하는 데는 이유가 없는 법이다."

168
• 법률의 본질

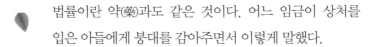 법률이란 약(藥)과도 같은 것이다. 어느 임금이 상처를 입은 아들에게 붕대를 감아주면서 이렇게 말했다.

"얘야! 앞으로 이 붕대가 풀리지 않도록 조심하거라. 이 붕대

를 감고 있는 동안은 먹거나 뛰거나 물에 들어가도 아프지 않을 것이다. 그렇지만 이 붕대를 풀어버리면 상처가 더 심해질 것이다."

인간의 마음은 악한 쪽으로 치우치려는 성질이 있으나 법률을 지키고 벗어나려 하지 않는 한 결코 나쁘게 바뀌는 일은 없다.

169
● 영원한 행복

 여행 중이던 랍비가 바르샤바의 객잔에 묵게 되었다. 그런데 저녁이 되자 옆집에서 노랫소리와 인간들이 떠들썩하게 웃고 춤추는 소리가 들려왔다.

그는 '결혼식을 축하하는 소리군' 하고 생각했다.

이튿날 그는 또 다시 전날 밤과 비슷한 소리를 들었다. 그런데 그 다음날도, 그리고 또 그 다음날도 똑같은 소리가 들려오는 게 아닌가.

'한 집에서 무슨 결혼식을 저리도 많이 치르지?' 하며 궁금해하던 랍비는 객잔 주인에게 물었다.

그랬더니 객잔주인은 "옆집은 바로 예식장이랍니다"라고 말하고 나서 덧붙였다. "그러니 오늘 결혼을 치룬 집과 내일 결혼을 치르는 집이 같을 리가 없지요."

"모든 게 우리 사는 세상과 마찬가지구나."

그리고 랍비는 이렇게 중얼거렸다.

"행복과 기쁨은 매번 다른 인간을 찾아가는구나. 영원히 행복하기만 한 인간은 없어."

170
말씀

하느님께서 말씀하셨다.

"너는 과부나 고아를 해롭게 하지 마라. 네가 만일 그들을 해롭게 하므로 그들이 내게 부르짖으면 내가 반드시 그 부르짖음을 들으리라. 나의 분노가 맹렬하므로 내가 칼로 너희를 죽이리니 너희의 아내는 과부가 되고 너희 자녀는 고아가 되리라."

171
부자와 현인

한 제자가 랍비에게 물었다.

"부자와 현인 중 어느 쪽이 위대합니까?"

"그야 말할 것도 없이 현인 쪽이지."

"그렇다면, 왜 부자의 집에는 학자와 현인들이 드나드는데 현인 집에는 부호가 시중들고 있지 않는 건가요?"

　"현인은 영리해서 돈이 필요하다는 것을 잘 알고 있다네. 그
러나 부자는 현인으로부터 지혜를 배워야 한다는 것을 모르고
있기 때문이지."

172
● 칭송

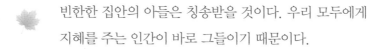
빈한한 집안의 아들은 칭송받을 것이다. 우리 모두에게
지혜를 주는 인간이 바로 그들이기 때문이다.

173
• 서로 다른 관점

한 여행객이 여관에 묵게 되었다. 여관 주인은 그를 반갑게 맞아주며 다섯 마리의 비둘기와 한 마리의 닭을 잡아 요리를 하여 저녁 식사를 대접했다. 식탁에는 주인 부부와 아들 둘, 딸 둘, 그리고 자신까지 합쳐 모두 일곱 명이 자리를 함께했다.

주인은 여행객에게 음식을 나누어달라고 부탁했다. 그는 거절했으나 주인이 계속 부탁해서 결국 음식을 나누기 시작했다. 먼저 비둘기 한 마리를 두 아들에게 주고, 한 마리는 두 딸에게 그리고 또 한 마리는 주인 부부에게 주고, 나머지 두 마리를 자기 몫으로 놓았다.

이어서 그는 닭 요리를 나누기 시작했다. 머리는 주인 부부이게, 두 다리는 두 아들에게, 두 날개는 두 딸에게 준 다음 자기는 큰 몸통을 가졌다.

참다못한 주인이 마침내 화가 나서 말을 했다.

"이게 당신네 고장의 관습이오? 비둘기를 나눌 때까지는 참았으나 이제는 도저히 참을 수가 없소. 도대체 이게 무슨 짓이오?"

그 젊은이가 대답했다.

"나는 음식을 나누는 일은 하고 싶지 않았지만 주인께서 간곡히 부탁했기 때문에 최선을 다했을 뿐입니다. 나는 공평하게 나누기 위해서 모두 셋이 되도록 비둘기를 나눈 것입니다. 즉 주인 부부와 비둘기 한 마리를 합하면 셋이고, 두 아드님과 비둘기 한 마리를 합하면 셋이고, 두 따님과 비둘기 한 마리를 합하면 셋이고, 나와 비둘기 두 마리를 합하면 셋이니, 이보다 더 공평한 일이 어디 있겠습니까? 또한 주인 부부께서는 이 집안의 우두머리이므로 닭의 머리를 드렸고, 두 아드님은 이 집안의 기둥이므로 다리를 주었고, 두 따님은 언제라도 날개가 돋쳐 시집을 갈 것이므로 날개를 준 것입니다. 그리고 저는 배를 타고 여기에 왔고 또한 배를 타고 다시 돌아가야 하기 때문에 배처럼 생긴 몸통을 가진 것입니다."

주인은 아무 말도 할 수 없었다.

174
• 침묵의 가격

랍비가 아침 일찍 일어나 기도를 드리고 있을 때 손님이 찾아와 당나귀를 팔라고 했다. 하지만 랍비는 기도를 중단할 수 없어서 잠시 대답을 하지 않았다. 손님은 랍비의 침묵이 가격이 맞지 않아서 그런다고 생각하고 값을 올려 불렀다. 그런데 랍비가 계속 아무런 말도 하지 않자 손님은 가격을 더 높았다. 이때 랍비가 기도를 마치고 나와 손님에게 말했다.

"저는 아까 당신이 처음 부른 가격에 나귀를 팔겠다고 결정했습니다. 단지 아까는 제가 기도를 중단할 수 없어서 말씀을 드리지 못했습니다. 그러니 손님께서는 처음 가격에 나귀를 사가세요."

175
· 용서

인간은 행복할 때보다 고통스러울 때 더욱 기뻐해야 한다. 평생 행복한 인간은 그가 저지른 죄가 아직 용서되지 않았음을 의미하기 때문이다. 하지만 많은 고통과 어려움을 겪은 인간은 그의 죄를 용서받는다.

176
· 정직한 인간

모세는 613개의 계율을 받았는데 그중 365개의 소극적인 계율은 1년 365일에 해당하고, 248개의 적극적인 계율은 인체의 모든 기관에 해당한다. 훗날 다윗은 이를 총 열한 개로 간추렸고, 이사야는 이를 다시 여섯 개로 줄였다.

첫째, 정직하게 행동하라.

둘째, 정직하게 말하라.

셋째, 부정한 이득을 취하지 마라.

넷째, 뇌물을 거절하라.

다섯째, 귀를 막고 추문을 듣지 마라.

여섯째, 눈을 감고 사악한 것을 보지 마라.

마가는 이를 다시 세 개로 줄였다.
첫째, 정직하라.
둘째, 열정적으로 선행을 행하라.
셋째, 경건한 마음으로 하느님과 함께 행동하라.

그리고 이사야는 다시 한 번 이를 두 개로 요약했다.
첫째, 정직한 모든 일을 따라라.
둘째, 정직하게 행하라.

마지막으로 하박국은 이를 '정직한 인간은 그의 신앙의 힘으로 살아간다'라는 한 마디로 정리했다.

177
· 인간은 평등하다

 모든 인간의 조상은 하나다. 따라서 이 세상에 다른 인간보다 우월한 인간은 없다.
만약 어떤 인간이 다른 인간을 죽인다면, 그는 모든 인간을 죽인 것과 같다. 마찬가지로 누군가의 목숨을 구한다면, 그것은 모든 인간을 구한 것과 같다. 이 세상은 한 명의 인간으로부터 시작되었다. 그러므로 인간을 죽인다는 것은 최초의 인간을 죽이는 것과 진배없다.

178
악당에 대한 랍비들의 단상

지나가던 랍비들이 악당들과 마주치게 되었다. 이 악당들은 모든 인간들이 고개를 절레절레 흔들 정도로 교활할 뿐만 아니라 잔혹하기 이를 데 없는 족속들이었다.

어떤 랍비가 작은 목소리로 말했다.

"저런 인간쓰레기들은 모두 물에 빠져 죽어버렸으면 좋겠습니다."

그러자 다른 랍비가 이렇게 말했다.

"아닙니다. 종교를 갖고 있는 자로서 그런 생각을 하면 안 됩니다. 인간이 아무리 악하다고 한들 죽으라고 할 수는 없습니다. 그저 저들이 자신들의 죄가 무엇인지를 깨닫고 회개하기를 바라야 옳은 일입니다. 악한 인간들을 벌하는 것은 저희에게 아무 도움이 되지 않습니다. 그런 자들로 하여금 스스로 잘못을 깨우치고 좋은 인간이 되게 하지 않는 한, 결국 그 손해는 우리에게 돌아올 뿐입니다."

179
토론의 교훈

 〈탈무드〉에는 오랜 기간을 두고 한 가지 문제를 토로하는 이야기가 많다. 더러는 결론이 나지 않은 것도 있다. 이런 토론의 말미에는 '모른다'는 꼬리말이 달려 있다. 즉 '알 수 없을 때는 모른다고 말해야 한다'는 것을 가르쳐주는 교훈이기도 한 것이다.

또 〈탈무드〉에는 어떤 문제에 관해 내린 여러 결정이 있는데, 거기에는 반드시 소수의 의견이 함께 소개되어 있다. 적어두지 않으면 소수의 의견은 곧 사라져버리기 때문이다.

180
마음의 눈

눈으로 볼 수 없는 것보다는, 마음으로 볼 수 없는 것이 더 두려운 것이다.

제3장

행복의 지혜

아무리 부자라도 남을 위해 베풀 줄 모르는 인간은 소금
을 치지 않은 진수성찬과 같다. 진정한 부자는 자신이
갖고 있는 것에 대해 만족할 줄 아는 인간이다.

181
아버지에 대한 배려

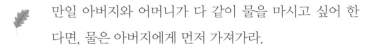 만일 아버지와 어머니가 다 같이 물을 마시고 싶어 한
다면, 물은 아버지에게 먼저 가져가라.

왜냐하면 어머니도 아버지를 소중히 섬기므로, 어머니에게
먼저 가져갈지라도 어머니는 자기가 먼저 마시지 않고 아버지
에게 건네주기 때문이다.

182
• 갈대와 개

한 가닥의 갈대는 쉽게 부러지지만, 갈대 백 개를 한 묶음으로 만들면 단단하다. 개들은 떼로 한데 모아 놓으면 서로 싸우지만, 늑대가 나타나면 싸움을 그치고 힘을 합친다.

183
• 사기꾼의 변명

한 사기꾼이 잡혀와서 재판을 받게 되었다. 판사가 사기꾼에게 물었다.

"공범이 있느냐?"

"판사님, 저는 일을 할 때는 언제나 제가 정한 원칙대로 하고 있습니다."

"그래, 그 원칙이 무엇이냐?"

"네, 그건 언제나 일은 혼자서 한다는 원칙입니다."

"이유가 뭐냐?"

"사실 저는 처음에 제 친구와 함께 이 일을 시작했습니다. 그런데 어느 날, 제가 그 친구에게 사기를 당했거든요. 그래서 다시는 누구한테든 사기를 당하지 않으려고 일을 할 때는 언제 혼자서 한다는 원칙을 세운 겁니다."

남의 신의를 평가하는 인간도 자신의 신의는 평가하지 못한다.

184
• 현명한 시찰관

지역 사정을 파악하기 위한 임무를 띠고, 시찰관 두 명이 북쪽지방의 어느 마을에 파견되었다. 마을에 도착한 그들은 인간들에게 마을의 파수꾼을 만나 지역 상황을 듣고 싶다고 말했다.

그러자 그 마을의 치안을 담당하고 있는 인간이 나섰다.

"아! 그런 문제 때문에 오셨다면, 제가 설명을 드리도록 하겠습니다."

두 시찰관은 머리를 가로저으며 말했다.

"아닙니다. 저희는 이 마을 지키는 파수꾼을 만나 뵙고 싶습니다."

그러자 이번에는 마을의 지역 부대장이 나왔다. 시찰관들은 다시 머리를 가로저으며 이렇게 말했다.

"저희는 치안과 부대를 지휘하는 책임자를 만나러 온 것이 아니라, 이 지역에 있는 학교의 교사를 만나러 온 것입니다. 진정으로 마을을 지키는 인간들은 사실 선생님들이기 때문입니다."

185
• 입과 귀

 어느 날 제자가 랍비를 찾아와 말했다.

"선생님, 입과 귀에 대해서 한 말씀 해주십시오."

랍비는 자신의 입을 쓱쓱 닦았다. 그리고 귀도 싹싹 쓸었다. 그런 뒤에 제자에게 말했다.

"인간의 입이 몇 개이고, 귀는 몇 개인가?"

"선생님, 인간이라면 모두 입이 하나이고, 귀는 둘 아닙니까."

"그렇다네. 이것은 말하기보다 듣기에 두 배로 더 힘쓰라는 뜻이라네."

186
• 랍비와 어머니

어떤 랍비가 어머니와 단둘이서 길을 가고 있었다. 그런데 길에 돌이 많고 울퉁불퉁하여 걷기가 매우 힘들었다. 그래서 랍비는 어머니가 걸음을 내디딜 때마다 자기의 손을 어머니의 발밑에 집어넣었다.

187
• 의복과 평판

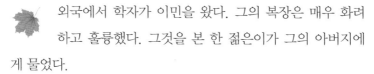

외국에서 학자가 이민을 왔다. 그의 복장은 매우 화려하고 훌륭했다. 그것을 본 한 젊은이가 그의 아버지에게 물었다.

"어째서 외국에서 온 학자들은 저렇게 호화스런 복장을 하고 있는 걸까요?"

"그건 그들이 대단한 학자가 못 되기 때문이란다. 그들은 훌륭한 옷이라도 입어서 인간을 위압하려는 것이지."

그러자 옆에 있던 할아버지가 말씀하셨다.

"아니다, 모두 잘못 알고 있구나. 저들이 저렇게 좋은 옷을 입

고 있는 것은 그들이 다른 나라에서 이민 온 인간이기 때문이란
다. 자기가 살았던 고장에서는 평판으로 인간을 헤아리지만, 밖
에 나가면 의복이 평가한단다."

188
• 하느님의 은총

어느 날 로마 정부는 유대인에게 〈토라〉를 땅에 묻으라
고 명했다. 하지만 한 랍비가 인간들을 모아놓고 〈토라〉
를 가르쳤다. 어떤 이가 그에게 물었다.

"선생님은 로마 정부가 두렵지 않습니까?"

랍비가 답했다.

"이야기 하나를 들려줄 테니 한번 생각해보게. 어느 날 여우
가 강가에서 급히 헤엄치는 물고기 떼를 보고 물었지.

'너희는 왜 도망가는 거지?'

물고기가 답했어.

'인간이 쳐놓은 그물에 걸리지 않으려면 도망쳐야 해.'

'그럼 육지로 올라와서 나와 함께 있자. 내가 보호해 줄게.'

'넌 인간들이 가장 영리하다고 하는 동물인데도 아직 모르는
게 많구나. 우리가 태어난 물속에서도 이렇게 무서운 일 투성인
데 육지로 올라가면 무슨 일이 일어날지 어떻게 알겠어?'

이처럼 물고기가 물을 떠나 잠시도 살 수 없듯이 우리도 마찬가지다. 하느님의 은총인 〈토라〉를 배우는 중에도 이렇게 위험이 따르는데, 〈토라〉를 배우지 않는다면 얼마나 큰 어려움이 따르겠느냐?"

189

• 랍비의 지혜

한 남자가 위대하다고 소문난 랍비 힐렐을 찾아와서 말했다.

"내가 한쪽 다리로 서 있는 동안에 유대의 학문을 모두 가르쳐보시오."

그러자 힐렐이 이렇게 대답했다.

"자기가 당하고 싶지 않은 일을 남에게 행하지 말라."

190

• 혀의 단련

'혀'에게는 '저는 잘 모르겠습니다'라는 말을 부지런히 가르쳐야 한다.

191
• 랍비와 아들

랍비와 아들이 길을 걷고 있을 때 술주정뱅이가 도랑에 빠져 허우적거리는 모습을 보았다. 그런데 그 옆에서 술주정뱅이의 아들이 아버지와 함께 고주망태가 되어 주정을 부리고 있는 모습을 보고 랍비가 아들에게 말했다.

"저 술주정뱅이가 정말 부럽구나. 그는 자신과 꼭 닮은 아들을 두었어. 너도 나와 저렇게 닮았는지 모르겠다. 단, 아들의 기술을 기르는 면에서는 그보다는 내가 나았으면 좋겠구나."

192
• 하느님의 시험

하느님은 양을 이용해 모세를 시험하셨다.

모세는 그의 장인 미드로의 양 떼를 지키고 있었는데 새끼 양 한 마리가 어딘가로 뛰어갔다. 모세는 새끼 양을 따라가 보았다. 양은 그늘에 앉았다가 연못에 들러 물을 마시고는 앉아서 쉬었다. 모세는 양에게 다가가 말했다.

"난 네가 목이 말라 그러는 줄 몰랐구나. 이젠 너도 많이 피곤

할거야."

그는 새끼 양을 자신의 어깨에 메고 함께 집으로 돌아갔다.

하느님이 말씀하셨다.

"모세야! 너는 지혜가 있고 정성과 성실이 있다. 네 양을 그렇게 잘 먹이니 내 양 이스라엘도 잘 인도하겠다. 내 백성을 인도하라."

193

• 진주와 양초

비싼 진주를 잃어버리면, 그것을 찾기 위해서 값이 싼 양초를 사용한다.

194
• 홀아비 시아버지와 과부 며느리

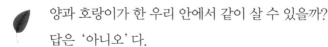
양과 호랑이가 한 우리 안에서 같이 살 수 있을까? 답은 '아니오' 다.

인간도 이와 같이 어울릴 수 없는 사이가 있다.

홀아비 시아버지와 과부 며느리가 그러한 경우다.

195
죽음의 교훈

  인간의 죽음은 다른 생물과 다를 바 없는데 더 얻은 것
은 무엇인가?

그것은 바로 세상에서 가장 큰 고통인 죽음이다. 죽음 앞에서
는 어떠한 고통도 비교할 수 없다. 따라서 어떠한 불행도 누구나
맞이하게 되는 가장 불행한 순간과 비교한다면 작게 느껴진다.

196
이름의 세 가지 유형

이름에는 세 가지가 있다.

첫째, 왕이나 귀족이 세습에 의해 얻는 이름.

둘째, 배움으로써 학자가 되어 얻는 이름.

셋째, 누구나 얻을 수 있는 이름, 이것이 곧 명성이다.

197
정직한 기도

하느님은 정직한 인간의 기도를 원하신다. 정직한 인간의 기도는 종종 삽에 비유된다. 삽이 물건을 한곳에서 다른 곳으로 옮겨주는 것과 같이 기도 또한 분노를 인자함으로 바꿔주기 때문이다.

198
상인의 유언

병이 깊어진 한 상인이 유언을 하려고 누웠다.

"여보, 당신 어디 있소?"

"네, 여기 있어요."

상인은 온 식구를 돌아가며 찾았다.

"맏이야, 어디 있느냐?"

"여기 있어요, 아버지."

"맏딸은?"

"아버지, 여기 있어요."

"막내딸은 어디 있느냐?"

"네, 아버지 손을 잡고 있는 게 아버지 막내딸이에요."

그러자 상인은 안간힘을 쓰고 일어나 앉았다. 그러고는 마지막 말을 남겼다.

"그렇다면 우리 가게는 누가 보고 있단 말이냐?"

199
• 하느님의 소리

백성의 소리는 곧 하느님의 소리이기도 하다. 하느님은 말하였다.

"내게 네 명의 아이가 있듯이, 너희도 네 명의 아이를 가지고 있다. 너희의 네 아이는 과부, 고아, 이방인, 승려다. 내가 너희의 아이를 보살펴주고 있듯이, 너희도 나의 아이들을 보살펴주어야 한다."

• 히말라야 삼목과 갈대

히말라야 삼목처럼 뻣뻣하게 굴지 말고, 갈대처럼 부드러운 인간이 되어라.

바람이 불면 갈대는 부드럽게 휘어졌다가 바람이 멈추면 다시 제자리로 돌아와 곧게 선다. 그래서 갈대의 끝은 〈성경〉을 쓰는 붓으로 이용된다.

바람이 불면 히말라야 삼목은 뿌리부터 꺾여 쓰러지므로 오래 살지 못한다. 이 나무의 가지는 잘려서 지붕을 덮는 용도로 이용된다. 그리고 나머지 부분은 불쏘시개로 사용된다.

201
• 인간과 정의

인간은 사악한 충동을 지녀서 쉽게 죄를 짓지만 정의는 인간에게 구원의 해독제를 제공한다. 그 해독제는 바로 참회다. 참회는 사악한 힘이 끓어오르는 것을 막아주고 그를 완화시켜준다. 그래서 죄악의 찌꺼기로 막혀있던 삶의 길을 환하게 열어준다. 그러므로 참회는 그 어떠한 것보다 위대하다.

202
• 랍비와 제자

랍비가 어느 제자가 다른 제자를 비난하는 것을 목격했다.

"이봐 다윗, 네 형은 사기꾼이지, 그렇지?"

걸음을 멈추고 지켜보던 랍비가 다윗에게 물었다.

"자네 형이 정말 사기꾼인가?"

"아닙니다, 선생님, 저한테는 형이 없습니다."

랍비가 이번에는 비난하던 제자에게 물었다.

"여보게, 다윗에게는 형이 없다고 하네, 자네는 그걸 아는 가?"

"선생님, 다윗한테 형이 없다는 건 저도 압니다."

"한데, 왜 없는 형을 사기꾼이라고 했는가?"

"선생님, 선생님은 다윗한테 형이 없다는 걸 언제 아셨나요?"

"조금 전에 알았지."

"선생님. 어차피 다윗에게 형이 없다는 것을 아는 인간이 없 는데, 비난하는 것과 무슨 상관이 있습니까?"

203
• 유대인의 축복

 유대인은 화장실에 갈 때도 축복의 말을 한다.

"열려야 할 것은 열어 주시고 닫혀야 할 것은 닫아 주십 시오."

204
• 어미 새와 아기 새 세 마리

어미 새가 아기 새 세 마리를 안고 비바람 부는 바다를 건너가려 했다. 그런데 바람이 거세게 불기 시작하자 어미 새는 첫째부터 한 마리씩 업고 바다를 건너기로 했다. 바다를 반쯤 건너고 있을 때 어미 새가 첫째에게 물었다.

"얘야, 어미는 너를 위해 생명의 위협을 무릅쓰고 있단다. 너도 커서 어른이 되면 늙은 어미를 위해 이렇게 해주겠니?"

"제가 무사히 육지 도착한다면 나중에 그렇게 해드릴게요."

대답을 들은 어미 새는 화가 나서 첫째를 바다에 던져버렸다. 그리고 "내가 왜 이런 자식을 위해 목숨까지 건 걸까?"라며 화냈다.

어미 새는 이번에는 둘째를 데리고 바다를 건너면서 첫째에게 물었던 질문을 똑같이 던졌다. 대답을 들은 어미 새는 둘째도 바다에 던져버렸다. 그러고는 "너도 마찬가지구나"라며 한숨을 쉬었다.

마지막으로 어미 새는 셋째를 데리고 바다를 건너며 두 형제에게 했던 질문을 다시 던졌다.

"사랑하는 어머니, 어머니는 저를 위해 지금 위험을 무릅쓰고 풍랑과 싸워가며 바다를 건너고 있어요. 어머니의 물음에 당장 그러겠다고 말할 순 없지만 한 가지만은 약속드릴게요. 제가 커서 제 아이가 생기면 어머니가 베풀어주신 사랑을 제 자식에게 주겠어요."

셋째의 말을 들은 어미 새가 말했다.

"아주 적절한 대답이로구나. 그럼 나도 네가 바다를 안전하게 건널 수 있게 최선을 다 하마."

205
◦ 황제와 랍비

어느 날 로마 황제가 랍비의 집을 방문하여 이런 질문을 했다. "하느님은 결국 도둑 아닙니까? 아담이 잠자고 있는 사이에 허락도 없이 갈비뼈를 훔쳐가지 않았습니까?"

황제의 어이없는 질문에 옆에 있던 랍비의 딸이 나섰다.

"제게 좀 난처한 일이 있어서 그러는데, 저에게 황제 폐하의 부하를 한 명 빌려주실 수 있겠습니까?"

그녀의 말에 황제가 그 이유를 물었다.

"어려운 부탁은 아니지만, 도대체 그 난처한 일이란 게 무엇인가?"

그녀가 대답했다.

"어젯밤에 도둑이 들어 저희 집 금고를 훔쳐갔습니다. 그런

데 그 도둑이 금고가 있던 자리에 황금 항아리를 두고 갔습니다.
그래서 그 자초지종을 조사해보고 싶습니다."

그러자 황제가 말했다.

"그래? 그것 참 부럽군. 그런 도둑이라면 나한테 찾아와도 좋
을 텐데 말이야!"

황제의 말에 랍비의 딸이 이렇게 대답했다.

"그러실 겁니다. 하지만, 결국 아담의 갈비뼈 한 대를 훔친 것
이나 도둑이 금고를 훔쳐간 것이나 마찬가지 아니겠습니까? 하

느님은 갈비뼈 하나를 몰래 가져가는 대신에 이 세상에 여자를 남기신 것입니다."

206
스승과 제자

스승은 제자들에게 가장 높은 인간이며, 부모와 같은 존재다.

제자는 스승을 더욱 지혜롭게 하며, 사고의 폭을 넓혀준다. 선현이 말씀하시길, "나는 늙어서 많은 지식을 쌓았다. 동료들에게도 많이 배웠지만, 가장 많은 지식은 바

로 내 제자들로부터 나왔다"라고 했다. 작은 목재가 큰 나무를 태울 수 있고, 제자의 생각이 스승의 사상을 넓혀주며, 제자의 질문이 스승의 지식을 키워준다.

207
• 하느님과 십계명

하느님이 십계명을 내리면서, 십계명을 지키겠다는 맹세를 받고자 했다.

그래서 유대인들은 그들의 위대한 조상인 아브라함과 이삭과 야곱의 이름을 걸고 반드시 십계명을 지키겠노라고 맹세했다. 그러나 하느님은 허락하지 않았다.

다시금 유대인들은 앞으로 손에 넣게 될 모든 부귀를 걸고 맹세했지만, 하느님은 역시 허락하지 않았다.

마지막으로 유대인들은 자식들에게 반드시 십계명을 전하겠노라고 자식들을 앞세워 맹세했다.

그러자 하느님은 비로소 허락하여 십계명을 내렸다.

208
• 학자와 부자

허름한 옷차림의 가난한 학자 둘이서 이 고장 저 고장으로 여행을 하고 있었다. 한 고장에 도착했을 때, 그들은 먼저 부잣집 문을 두드려 재워달라고 부탁했다. 그러나 부자는 두 학자의 행색을 훑어보고는 거절했다. 결국 두 학자는 그 고장의 자선가 집에서 머물게 되었다.

일 년의 세월이 흘러 두 인간은 아주 고명한 학자가 되었다. 두 학자는 또 함께 여행을 하다가 전에 왔던 고장에 이르렀다. 마침 그들을 거절했던 부자를 만났다. 부자는 두 학자가 타고 있는 말이 훌륭한 종자라는 것을 알아채고는 두 학자를 재워주겠다고 자청했다. 그러자 두 학자는 부자의 제의를 한마디로 거절했다. 부자는 자기 집이 그 고장에서 제일 훌륭한 집이며, 그 고장을 대표하여 손님을 유숙시키고 있다고 덧붙였다.

두 학자는 이렇게 말했다.

"그렇다면 그 말씀이 고마우니, 이 말을 재워 주셨으면 합니

다. 우리들은 일 년 전에 가난하고 이름도 없던 시절에 이 고장을 지나게 되었는데, 당신 집 문을 두드렸다가 거절당한 일이 있습니다. 지금은 우리의 말을 보고 우리를 재워 주시겠다고 하는 것이니 이 두 마리의 말을 묵게 해주시면 됩니다."

209
• 자업자득

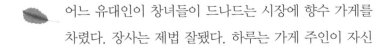 어느 유대인이 창녀들이 드나드는 시장에 향수 가게를 차렸다. 장사는 제법 잘됐다. 하루는 가게 주인이 자신

의 아들이 창녀들과 어울려 시시덕거리는 모습을 발견하고는 몹시 역정을 냈다. 그때 길을 지나가던 유대인이 말했다.

"여자들이 좋아하는 향수 가게를 차린 것도 당신이고, 창녀들이 모여 있는 홍등가에 가게를 낸 것도 당신이오. 그러니 당신 아들이 창녀들과 어울리는 것도 바로 당신 때문에 생긴 일이 아닙니까. 당신이 이렇게 노발대발 화내는 이유가 무엇이오?"

210
● 포도주와 지혜

새로 담근 포도주는 처음에는 포도맛 밖에 나지 않지만, 시간이 지날수록 술의 맛이 더욱 좋아진다.

지혜도 이와 마찬가지로 해를 거듭할수록 무르익는다.

211
• 어떤 부부

같이 잘 살던 어떤 부부가 이혼을 했다. 두 인간 다 나쁜 인간들은 아니었다.

이혼한 지 얼마 지나지 않아, 남편은 다른 여자와 재혼했다. 그러나 결혼 운이 없었는지, 새로 만난 아내는 심성이 아주 고약했다. 그러다 보니 남편의 심성까지도 날로 악하게 변해갔다.

이혼한 아내도 재혼을 했다. 그런데 새로 만난 남자는 아주 나쁜 남자였다. 그러나 이 남자는 차츰 착한 남편으로 바뀌었다.

남자는 언제나 여자에 의해서 그 모습과 성격이 달라지게 마련이다.

212
• 아버지와 딸

 옛날에 딸만 셋을 둔 아버지가 있었다. 세 명의 딸은 어디 하나 빠진 데 없이 아름다웠다.

다른 마을에는 아들만 셋을 둔 아버지가 있었다. 어느 날, 이 인간은 세 딸을 둔 인간을 찾아와서 인사를 청한 다음 말했다.

"제게는 결혼할 나이가 된 세 명의 아들이 있습니다. 마침 당신에게는 아직 결혼하지 않은 세 딸이 있다고 하더군요. 당신의 세 딸을 제 며느리로 맞아들이고 싶습니다."

"참으로 고마운 말입니다. 하지만 솔직히 말씀드리면 내 딸들은 한 가지씩 결점이 있습니다. 제일 큰딸은 게으른 것이 흠이고, 둘째 딸은 도벽이 있고, 또한 막내딸은 남을 험담하는 못된 버릇이 있습니다."

세 딸을 둔 아버지는 자기 자식들의 결점을 하나하나 숨김없이 털어놓았다. 하지만 세 아들을 둔 아버지는 자신이 책임지고 주의시켜 가르치겠으니 염려하지 말라고 했다.

딸들을 시집보낸 아버지가 어느 날 사돈집을 방문했다. 딸들이 어떻게 살고 있는지 궁금했기 때문이었다.

먼저 큰딸이 말했다. "모든 일을 아랫인간들이 해주기 때문에, 저는 마음껏 게으름을 피우며 즐겁게 지내고 있어요."

둘째 딸이 말했다. "갖고 싶은 물건은 얼마든지 가질 수 있기 때문에 아주 행복하게 살고 있어요."

막내딸이 말했다. "시아버지가 자꾸 저에게 남녀 관계를 강요하기 때문에 괴로워서 견딜 수가 없어요."

아버지는 큰딸과 둘째 딸의 말에는 고개를 끄덕였다. 그러나 막내딸의 말만큼은 믿지 않았다. 그녀가 시아버지까지 험담하고 있다는 사실을 알았기 때문이다.

213
● 부자와 랍비

여객선이 큰 파도를 만나서 부서지고 부자 한 명과 랍비 한 명만 간신히 작은 보트를 타고 탈출할 수 있었다. 보트를 탄 부자가 하늘에 대고 기도했다.

"하느님! 제발 구해주세요. 저를 구해줄 큰 배를 보내 주세요. 제가 무사히 집으로 돌아갈 수 있게 해 주시면, 제 재산의 절반을 뚝 떼어 바치겠습니다, 하느님!"

그러나 아무리 기다리고 기다려도 구해 줄 큰 배는 나타나지 않았다.

그러는 동안에 밤이 지나고, 다음 날 아침이 되었다. 부자는 다시 하늘에 대고 간절하게 기도했다.

"하느님! 제발 구해주세요. 저를 구해 줄 큰 배를 보내주세요. 제가 무사히 집으로 돌아갈 수 있게 해주시면, 제 재산의 3분의 2를 뚝 떼어 바치겠습니다, 하느님!"

그러나 아무리 기다리고 기다려도 구해 줄 큰 배는 나타나지 않았다.

그러는 동안에 밤이 지나고, 다음 날 아침이 되었다. 크게 실망한 부자는 또다시 하늘에 대고 간절하고 간절하게 기도했다.

"하느님! 제발 구해 주세요. 저를 구해 줄 큰 배를 보내 주세요. 제가 무사히 집으로 돌아갈 수 있게 해 주시면, 제 모든 재산을……"

바로 그 때였다. 랍비가 부자에게 소리쳤다.

"이봐요, 이제 하느님과 흥정은 그만두세요. 저기 큰 배가 보이니까……"

214
· 현명한 남편

고부간의 갈등이 생겼을 때 남편이 아내에게 침묵하길 바란다면 아내는 돌변하여 남편과도 말다툼을 벌일 것이며 성관계도 거부할 것이다. 따라서 가장 좋은 방법은 스스로 침묵하는 것이다. 절대로 고부간의 싸움에 끼어들지 말라.

시부모가 억지로 아내의 흠을 들추어낼 때 아내에게 잘못이 없음을 안다면 부모님의 비위를 맞춰드려고 아내를 비난하지 말라.

215
• 법과 정의

짐을 나르는 자가 부주의하여 손님의 술 한 병을 깨뜨렸는데 손님은 대가로 짐꾼의 외투를 빼앗아갔다. 짐꾼이 랍비를 찾아가 그날 있었던 이야기를 하자 랍비는 그 손님에게 짐꾼의 외투를 다시 돌려주라고 명했다. 한 제자가 물었다.

"이것이 법에 맞는지요?"

"그렇다. 〈성경〉에도 좋은 인간이 되라고 가르치지 않았느냐?"

짐꾼은 외투를 돌려받고 나서 말했다.

"저는 매우 가난합니다. 하루 종일 일을 해도 늘 배가 고프지요. 저희가 임금을 달라고 요구하면 안 될까요?"

랍비가 말했다. "저들에게 품삯을 지불하라."

그러자 옆에 있던 한 제자가 또 물었다. "이것이 법에 맞는지요?"

"그렇다. 〈성경〉에도 분명 '나는 정의로운 길로 행하며 의로운 길 가운데로 다닌다'고 나와 있지 않느냐?"

216
상인의 처세술

어느 날, 랍비가 묘목을 파는 가게에 갔다.

"이 올리브 나무 묘목은 정말 좋소이다. 다음 주까지 400그루를 우리 과수원으로 갖다주시오."

"네, 알겠습니다, 선생님."

랍비는 올리브 묘목 값을 바로 치렀다. 상인은 곧바로 영수증을 써서 랍비에게 주었다.

영수증을 받은 랍비가 돌아가려고 자리에서 일어났다. 그러나 상인은 일어서지 않고 자리에 앉아서 인사를 했다. 그러자 랍비는 불쾌한 표정으로 돌아서서 물었다.

"이보시오. 당신은 조금 전 다른 손님이 갈 때 예의 바르게 문 앞까지 나가 배웅했소. 하지만 내게는 왜 그렇게 하지 않는 거요? 게다가 조금 전에 간 손님은 묘목을 외상으로 샀고, 나는 현금을 주고 샀소. 한데 내가 왜 푸대접을 받아야 하오?"

그러자 상인이 대답했다.

"선생님하고는 계산이 다 끝났습니다. 하지만 외상으로 묘목을 사간 손님이 제 가게 앞에서 다치기라도 하면 저는 큰 손해를 보게 됩니다. 그래서 그를 문 앞까지 가서 살핀 것입니다."

217
- 랍비와 정신병자

한 랍비가 수업을 하고 있는데 한 정신병자가 갑자기 뛰어들었다. 그는 랍비를 위협하며 기적을 보여달라고 했다. 수업을 하던 4층에서 뛰어내려도 멀쩡하다는 것을 보여주어야지만 신을 믿을 것이란 말이었다. 그러자 랍비는 말했다.

"4층에서 뛰어내리는 것은 누구나 할 수 있는 일이요, 1층에서 4층으로 올라오는 것이 기적이지요, 여기서 기다리면 내가 1층에서 올라오는 모습을 볼 수 있을 것이오."

랍비의 말대로 정신병자는 랍비와 학생을 1층으로 내려보냈다. 그러고는 창문으로 얼굴을 내밀고 소리쳤다.

"선생, 빨리 기도해, 기적을 보여줘야지."

정신이 나간 인간을 피해서, 랍비와 학생 모두가 무사하다는 것이 진정 기적이었다.

218
· 하느님의 피조물

 인간은 하느님의 형상을 본받아 개개인으로 창조되었다. 하느님은 인간에게 한 명의 생명을 파괴하는 행위

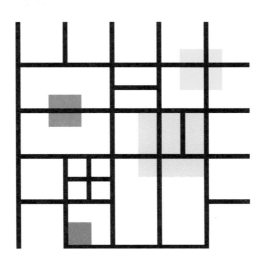

는 모든 세상을 파괴하는 일과 같고, 한 명의 생명을 살리는 일은 모든 세상을 구하는 것과 같다고 가르치셨다.

그러므로 인간에 대해 무례히 구는 일은 곧 하느님에게 무례한 것이나 마찬가지다.

219
• 랍비의 깨우침

어느 날 랍비가 수업을 하다가 졸고 있는 학생을 발견하고 큰 소리로 말했다.

"이집트의 어떤 여자가 6천 명의 아이를 낳았단다. 그게 누구인지 아니?"

랍비가 답했다. "요게벳이다. 요게벳이 낳은 모세는 6천 명의 인간과 맞먹었기 때문이다."

220
● 독사와 개

어떤 집안에 독사 한 마리가 들어와 우유가 있는 곳으로 다가오더니 그 우유 속으로 들어갔다. 그래서 그 우유 속에는 독사의 독이 녹아들어갔다. 그런데 그 집에서 기르던 개가 그 장면을 목격했다.

아침에 식구들이 일어나 그 우유를 꺼내 먹으려 하자 그 개가 몹시 짖어대기 시작했다. 그러나 식구들은 개가 왜 그렇게 심하게 짖어대는지 전혀 몰랐다. 그때 식구 중 한 명이 그 우유를 마시려 하자 개가 갑자기 덤벼들었다. 그래서 그 우유가 엎질러지고 말았다. 개는 그것을 핥아먹고는 곧 죽었다. 그때서야 식구들은 그 우유에 독이 들었다는 사실을 알게 되었다. 그렇게 죽은 개는 랍비들로부터 칭송을 받았다.

221
아내의 권리

아내가 남편에게 "시댁 식구들이 우리 집에 오는 게 부담스럽고, 그들과 함께 사는 것도 원하지 않아요. 제게 너무 많은 상처와 고통을 주기 때문이에요"라고 한다면, 남편도 아내의 말을 존중해줘야 한다. 누구든 강제로 다른 가정에 침입하거나 함께 살 권리는 없기 때문이다.

222
● 뱀의 이유 있는 항변

동물들이 한자리에 모였는데, 모두가 뱀의 흉을 보기 시작했다.

"사자는 일단 먹이를 쓰러뜨린 다음 뜯어먹고, 늑대는 먹이를 갈가리 찢어낸 다음 먹는데, 뱀인 너는 뭐가 급하다고 먹이를 그렇게 통째로 삼키니?"

다른 동물들이 흉을 보자, 뱀이 이렇게 대꾸했다.

"나는 그것이 너희들처럼 입으로 잔인하게 물어뜯는 것보다 낫다고 생각해, 입으로 상대방을 상처 입히지는 않으니까."

223
● 랍비의 중재

유대인 간에 다툼이 있으면 랍비는 회당에 데리고 가서
〈토라〉에 손을 얹고 말하라고 한다. 〈토라〉에 손을 얹
으면 유대인은 거짓말을 하지 않기 때문에, 〈토라〉에 손을 얹고
도 거짓말하는 인간은 유대인이 아니다.

224
◦ 자선에 대한 네 가지 태도

자선에 관한 인간들의 태도에는 네 가지 유형이 있다.

첫째, 스스로는 돈이나 물건을 남에게 내주면서도 다른 인간이 돈이나 물건을 내놓는 것은 좋아하지 않는다.

둘째, 다른 인간이 자선을 베푸는 것은 바라면서도 자기는 자선을 베풀지 않는다.

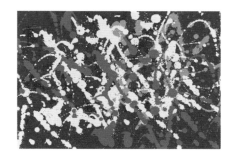

셋째, 스스로 아낌없이 자선을 베푸는 동시에 남들 또한 자선을 베푸는 것을 바란다.

넷째, 스스로 베푸는 자선도 싫어하고, 다른 인간이 베푸는 자선도 싫어한다.

225
◦ 현명한 랍비

못생겼지만 박식하기로 소문난 랍비가 있었다. 어느 날, 그 랍비는 로마 황제의 딸을 만났다. 왕녀는 랍비의 못생긴 얼굴을 보고 눈살을 찌푸리며 말했다.

"정말 못났군요. 당신처럼 못생긴 인간이 그렇게 뛰어난 현자라니 믿을 수가 없어요."

현자는 그 소리를 듣고 빙긋이 웃으며 이렇게 물었다.

"이 궁전에 좋은 술은 어디에 담겨 있습니까?"

"그야 질그릇으로 된 술항아리에 담겨 있지요."

왕녀의 대답을 들은 현자는 안타깝다는 듯이 말했다.

"왕실이면 금이나 은그릇이 많을 텐데, 그렇게 좋은 술을 하찮은 질그릇 항아리에 담아 놓았다니 이해가 안 되는군요."

이 말에 왕녀는 당장 시녀를 불렀다.

"여봐라! 궁궐 안에 있는 모든 술을 금이나 은으로 만든 그릇에 지금 당장 옮겨 담도록 하라!"

얼마 후, 하루는 황제가 술을 마시다가 화를 벌컥 냈다.

"아니, 술맛이 왜 이 모양인가?"

신하가 왕녀의 명령을 받고 술을 옮겨 담은 일을 소상하게 고했다.

황제는 왕녀를 불러서 호된 꾸중을 했다. 아버지인 황제에게 꾸중을 들은 왕녀는 그 못생긴 랍비를 불렀다.

"당신은 분명 술을 금이나 은그릇에 담아두면 맛이 변한다는 사실을 알고 있었어요. 그런데 왜 내게 그런 말을 한 거죠?"

현자는 다시 빙긋 웃으며 말했다.

"저는 다만, 아무리 귀한 것이라도 보잘것없는 그릇 속에 담겨 있을 수 있다는 사실을 왕녀께 알려드리고 싶었을 뿐입니다."

226
하느님의 섭리

모세는 형 아론이 곧 죽을 운명이란 말을 해야 했다. 그는 바닥에 무릎 꿇고 앉아서 〈창세기〉를 읽어주었다. 모세는 하느님이 세상을 창조하신 이레 동안 하루가 지날 때마다 "이 날을 창조하신 것은 위대하도다"라며 큰 소리로 찬미했다. 그러나 아담을 만들었다는 부분이 나오자 모세가 말했다.

"인간을 만든 부분은 어떻게 말해야 좋을지 모르겠어. 인간은 결국 죽을 운명인데 어찌 아름답다고 찬미할 수 있겠어?"

이에 아론이 답했다.

"우리는 하느님의 뜻에 따라야 해."

그제야 모세는 형에게 그의 죽음이 얼마 남지 않았음을 말해 주었다.

227
• 인간과 환경

 인간은 주변 환경에 따라 명예가 높아지지 않는다. 환경이 인간에 의해서 명예가 높아지는 것이다.

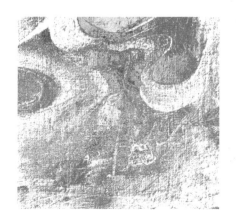

228
• 랍비의 후회

　고매한 성격과 탁월한 식견을 갖고 있어 많은 인간들이
우러러보던 랍비가 있었다.

그는 언행이 고결하고 친절하며 자애심이 두터웠다. 신앙심
또한 깊었으며, 주의력이 세심해서 길을 걸을 때는 개미 한 마리
조차 발에 밟히지 않도록 조심했다. 그러한 그를 제자들도 진심
으로 존경했다.

나이가 여든이 된 그는 어느 날 몸져누웠고, 자신의 죽음이
가까워졌음을 느꼈다.

그의 임종이 다가오자 제자들이 모두 그의 주위에 둘러앉았
다. 그때 랍비가 갑자기 눈물을 흘리기 시작했다.

제자들이 깜짝 놀라 그 이유를 물었다.

"선생님, 왜 갑자기 눈물을 보이십니까? 선생님은 단 하루도
공부를 게을리한 적이 없었고, 저희를 가르치지 않은 날이 없었
으며, 자비를 베풀지 않은 날이 없었습니다. 하느님을 가장 깊
이 공경하는 분도 바로 선생님이십니다. 선생님은 이 나라에서
가장 존경받는 분이고, 정치와 같이 깨끗하지 않은 세계에는 단
한 번도 발을 들여놓으신 적이 없습니다. 선생님은 누구보다도
훌륭하고 성공적인 삶을 사셨는데, 이렇듯 눈물을 보이시는 까

닭이 무엇입니까?"

제자들의 질문에 랍비가 이렇게 대답했다.

"그렇기 때문에 내가 우는 것이다. 마지막 순간 내 자신에게 '너는 공부를 했는가?' '너는 자비를 베풀었는가?' '너는 행실을 바르게 했는가?' '너는 하느님을 공경했는가?' 하고 묻는다면, 나는 '그렇다' 하고 대답할 수 있다. 하지만 '너는 이웃들의 보통 생활에 어울려 본 적이 있는가?' 하고 묻는다면, 나는 '아니요' 하고 대답할 수밖에 없다. 그것이 못내 후회스러워서 우는 것이다."

229
• 사자의 깨우침

옛날에 늙고 병든 사자가 있었다.

사자가 병에 걸렸다는 소문에 천하의 모든 동물들이 병문안을 왔다. 그중 일부는 그의 병이 낫기를 바랐고, 일부는 그의 고통을 보고 즐겼으며, 또 다른 일부는 그의 권력을 손에 넣고 세상을 통치하고 싶어 했다.

사자의 병은 날로 깊어져 죽었는지 살았는지 알 수 없을 만큼 아무런 미동도 하지 못하게 되었다. 그러자 소는 뿔로 사자를 아프게 하여 사자의 남은 힘을 소모시켰다. 암소는 발굽으로 사자

를 마구 짓밟았고, 여우는 이빨로
사자의 귀를 물어뜯었으며, 양은 꼬
리로 사자의 콧수염을 간질이며
"사자는 도대체 언제 죽는 거야? 사
자가 죽으면 그의 이름도 사라질
까?"라고 비아냥거렸다. 그리고 수
탉은 부리로 그의 눈과 이빨을 쪼아
댔다.

이때 사자의 영혼이 그의 육체로 돌아왔다. 그는 자신의 고통
을 보고 즐거워하는 동물들을 보고 이렇게 말했다.

"아니, 이럴 수가! 나를 받들던 신하들조차 대놓고 나를 멸시
하는구나. 권력과 힘이 바닥에 떨어지니 친구도 적으로 변한다
는 사실을 왜 이제야 알게 되었을까?"

230
판매의 정의

물건을 사고파는 것은 두 가지 요소로 이루어진다. 첫
째는 그 물건 값을 지불하는 것이고, 둘째는 그 물건이
사는 인간에게로 소유가 바뀐다는 사실이다.

그러므로 물건을 판 주인은 그 물건을 안전하게 산 손님에게

넘겨주어야 할 의무가 있다.

그리고 물건을 판매하는 주인은 파는 상품의 소유권을 반드시 갖고 있어야 한다. 그것은 혹시라도 남의 물건을 파는 절도 행위가 있어서는 안 되기 때문이다.

231
마음의 상처

인간은 고민이나 불화가 있을 때, 아니면 지갑이 텅 비어 있을 때 마음에 상처를 입는다. 특히 지갑이 비어 있을 때 가장 큰 상처를 입는다.

232
• 어린아이와 노인

　　어린아이를 가르치는 것은 백지 위에 무엇인가를 잔뜩 채워가는 것과 같다. 그러나 노인을 가르치는 것은 빽빽이 채워진 종이 위에 또다시 무엇인가를 채우도록 하는 것과 같다.

233
• 현명한 하느님

　　어느 날 로마의 한 여성이 랍비에게 물었다.

　　"거룩하신 하느님이 우주를 창조하시는 데 며칠이 걸렸습니까?"

　　"모두 엿새가 걸렸습니다."

　　"우주를 모두 창조하시고 난 뒤 하느님은 무얼 하셨습니까?"

　　"혼인을 중매하셨습니다."

　　"하느님이 고작 중매쟁이 노릇이나 했다고요? 그건 아무나

할 수 있는 일이 아닙니까? 저는 당장이라도 남녀를 짝지어 혼사를 성사시킬 수 있습니다."

"이 일은 보기엔 쉬워 보일지 모르지만, 사실 홍해를 가르는 일보다 어려운 일입니다."

그날 저녁 로마 여성은 남자 노예와 여자 노예 천 명을 불러 놓고 되는대로 남녀 짝을 지어주며 혼인을 시켰다. 그런데 다음날 남녀 노예 수백이 그녀를 찾아왔는데 어떤 이는 이마가 깨지고, 어떤 이는 다리가 부러지고, 어떤 이는 눈알이 뽑힌 상태였다. 그들은 모두 배우자를 바꿔달라고 아우성쳤다.

234
• 두 자식

맛있는 닭요리로 부모를 봉양한 자식은 지옥에서 고통받고, 부모를 산으로 보내 양을 치게 한 자식은 죽은 뒤 에덴동산에 승천했다. 왜 맛있는 요리로 부모를 봉양한 자가 지옥에 떨어졌을까? 옛날에 평소 닭요리를 만들어 부모를 봉양하는 자가 있었다. 하루는 부모가 그에게 물었다.

"아들아, 이 닭이 어디에서 났느냐?"

아들이 답했다.

"맛있게 드시면 그만이지, 알아서 뭐하시게요?"

아들은 죽어서 지옥에 떨어져 고통을 받았다.

그렇다면 부모를 산으로 보내 양을 치게 한 자가 어떻게 에덴 동산에 갈 수 있었을까?

어느 마을에 목축업을 하던 가족이 있었다. 그런데 어느 날 왕은 목축업에 종사하는 모든 목축업자들을 군대로 소집하라는 명령을 내렸다. 목축업을 대대로 하던 집의 아들은 아버지에게 말했다.

"아버지는 이곳에 남아 양을 치세요. 제가 아버지 대신 가겠어요. 일이 발각되더라도 제가 모든 벌을 받을 테니 걱정하지 마세요."

그리하여 아버지는 산으로 가서 양을 쳤고, 아들은 죽어 천당으로 승천했다.

235
● 랍비의 충고

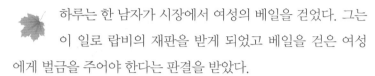 하루는 한 남자가 시장에서 여성의 베일을 걷었다. 그는
이 일로 랍비의 재판을 받게 되었고 베일을 걷은 여성
에게 벌금을 주어야 한다는 판결을 받았다.

그는 며칠 후에 돈을 주겠다는 약속을 하고 여성을 미행하기
시작했다. 그러던 어느 날 그녀는 정원 밖에 서 있었는데 마침
기름 항아리가 깨졌다. 여자는 베일을 벗고 두 손으로 기름을 받
아서 얼굴에 문질렀다. 여자를 지켜보던 남자는 다른 인간을 불
러 그 모습을 보게 한 뒤 증인으로 삼았다. 그리고 다음 날 랍비
를 찾아갔다. 자초지종을 다 설명한 남자는 물었다.

"스스로 쉽게 베일을 벗는 이런 여자에게 제가 벌금을 줘야
한다는 게 말이 됩니까?"

 랍비가 말했다.

"당신의 이유는 법률적 근
거가 없다. 누군가가 자기 자
신에게 상해를 입혔을 때, 이
는 물론 용납될 수 없는 일이
지만 벌금형에 처해지진 않는
다. 그렇지만 누군가가 다른

이에게 상해를 입힐 경우에는 반드시 법률적인 책임을 져야 한다. 마찬가지로 자기 소유의 나무를 벤 자는 벌금을 낼 필요가 없으나, 다른 인간 소유의 나무를 벨 경우엔 벌금을 내야 한다."

236

거짓말쟁이의 고충

거짓말쟁이에게 가장 큰 벌은 그가 진실을 말해도 다른 인간들이 믿어주지 않는다는 것이다.

237
• 착한 인간은 계속 자란다

착한 인간은 큰 야자나무처럼 무성하게, 레바논의 큰
삼나무처럼 늠름하게 하늘 높이 치솟아있는 존재다.

야자나무는 한번 잘라버리면 다음에 싹이 터 자랄 때까지 4년
이란 세월이 걸리고, 레바논의 삼나무는 아주 멀리서도 볼 수 있
을 만큼 높게 자란다.

238
• 정직이란?

어느 날, 랍비가 제자들에게 말했다.

"옛날 어느 마을에 도둑이 살고 있었다네. 그 도둑은 어둠 속을 종횡무진 누비며 남의 집을 제 집처럼 드나들면서 좋은 물건과 돈을 훔쳤어. 그러던 어느 날이었다네. 그 도둑은 뜻한 바가 있어서 한동안 남의 물건을 훔치지 않았지. 그때, 그 도둑이 생각했다네. '나는 정직하다'고 말일세."

239
• 내일이면 늦으리

좋은 항아리를 얻으면 바로 그날부터 사용하라. 내일이면 깨져 못쓰게 될지도 모른다.

240
● 전당포

전당포는 과부와 어린 아
이들의 물건을 맡아서는
안 된다.

241
● 인생에 있어 재산이란

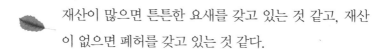
재산이 많으면 튼튼한 요새를 갖고 있는 것 같고, 재산
이 없으면 폐허를 갖고 있는 것 같다.

242
 • 여우와 사자

여우의 머리가 되
기보다는 차라리
사자의 꼬리가 되어라.

243
• 하느님의 자비

 어느 날 랍비가 제자들에게 옛날이야기를 해주고 있었다.

"어느 날, 가난한 나무꾼이 산 속에 버려진 갓난아기를 발견했어. 그런데 그 나무꾼에게는 아내가 없었지. 그래서 아기를 어떻게 키울까 걱정하게 되었어. 그래서 나무꾼은 하느님께 기도했지. 그러자 단단한 근육만 있던 나무꾼의 가슴이 부풀어 오르더니, 보드라운 젖가슴이 되었어. 그래서 아기는 나무꾼의 젖을 먹고 무럭무럭 자라날 수 있었단다."

랍비의 이야기를 듣고 고래를 갸우뚱한 한 제자가 벌떡 일어나 말했다.

"선생님. 남자한테 여자처럼 젖가슴이 생겼다는 건 정말 이상해요. 저는 하느님께서 나무꾼한테 돈을 많이 주셨으면 더 좋았을 거라는 생각이 듭니다."

"그 돈으로 무얼 하게?"

"그 돈으로 나무꾼은 유모를 구해 아기를 키우면 되잖아요."

고개를 가로저은 랍비가 말했다.

"그건 잘못된 생각이란다. 기적만으로 충분한데, 돈을 왜 주시겠어?"

244
• 매의 위엄

 매가 다른 새와 다른 점은 무엇일까? 다른 새는 새끼가 자신보다 높이 날까 두려워 새끼를 발톱으로 쥐고 난다. 하지만 사냥꾼의 총 이외에 두려울 게 없는 매는 사냥꾼에게 잡힐 위험에도 불구하고 새끼를 자신의 날개에 태운 채 비행한다.

245
• 어떤 수다쟁이

한 마을에 수다쟁이 사나이가 살고 있었다. 그는 쉴 새 없이 혼자서만 떠들어대며 상대방에게 좀처럼 말할 기회를 주지 않았다.

하루는 이 사나이가 이웃 마을의 대표를 찾아와 말했다.

"우리 대표가 당신을 욕하더군요."

"천만에, 그럴 리가 없소!"

그는 벌떡 일어서면서 거듭해서 외쳤다.

"아니오. 내 귀로 똑똑히 들었는걸요."

"그럴 리가 없어. 무엇보다 당신과 대화를 하면 그 인간은 한 마디도 못했을 테니까."

246
· 점원의 의도

점심시간이 좀 지나서 한 손님이 양고기 전문 음식점을 찾아왔다. 음식점 점원은 손님의 가죽 외투를 받아 들고 주문을 받았다.

"여보게, 양고기 요리를 가져오게, 아주 잘 익혀서!"

"손님, 죄송합니다. 오늘 들어온 양고기가 다 떨어져서요. 혹시 다른 요리를 주문하시겠습니까?"

"그럼 물고기 요리를 주게."

"물고기도 떨어졌습니다. 손님, 죄송합니다만 혹시 다른 요리를 주문하시겠습니까?"

점원의 말에 손님이 버럭 화를 냈다.

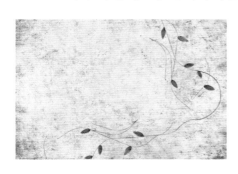

"뭐 이런 음식점이 다 있어? 일없네. 난 갈 테니 외투나 갖다 주게."

점원은 대답했다. "죄송합니다, 손님. 외투도 떨어졌는데요."

247
살아 숨쉬는 바다

이스라엘의 요단강 근처에는 큰 호수 둘이 있다. 그 하나가 사해(죽은 바다)이고, 다른 하나는 히브리어로 '살아 숨 쉬는 바다'라고 불리는 호수다.

사해는 다른 곳에서 물이 들어오기는 하지만 빠져나가지는 않는다.

'살아 숨 쉬는 바다'는 다른 곳에서 물이 들어오기도 하고, 다른 곳으로 빠져나가기도 한다. 자선을 베풀지 않는 인간은 사해다. 돈이 들어오기만 하고 나가지를 않는다. 사해에서는 아무 것도 살지 못한다. 자선을 베푸는 인간은 '살아 숨 쉬는 바다'다. 돈이 들어오기도 하고 나가기도 한다. 그 바다에는 온갖 생물이 살고 있다. 우리는 '살아 숨 쉬는 바다'가 되어야 한다.

248
• 랍비의 일깨움

두 인간이 랍비에게 상담하고자 찾아갔다. 한 인간은 그 고장에서 제일 가는 부자이며, 또 한 인간은 가난한 인간이었다.

더 일찍 온 부자가 먼저 랍비의 방으로 들어갔다. 그리고 한 시간이 지나서 방에서 나왔다.

다음에 가난한 인간이 방으로 들어갔다. 그와의 면담은 5분으로 끝났다. 가난한 인간은 언짢은 생각이 들어 랍비에게 항의했다.

"부자와의 면담은 한 시간이나 걸렸습니다. 그런데 저는 단 5분이 걸렸을 뿐입니다. 이것이 공평한 건가요?"

"진정하세요. 당신은 자신의 가난함을 알고 있었지만 부자는 자신의 마음이 가난하다는 것을 알기까지 한 시간이나 걸렸답니다."

249
• 신실한 랍비

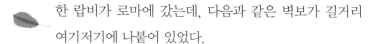 한 랍비가 로마에 갔는데, 다음과 같은 벽보가 길거리 여기저기에 나붙어 있었다.

'왕비께서 잃은 보석을 30일 안에 찾아주는 자에게는 후한 상을 내리겠다. 그러나 30일이 지나면, 그 보석을 갖고 있는 인간이 누구든 지위 여부를 막론하고 극형에 처할 것이다.'

그런데 랍비는 우연히 그 보석을 손에 넣게 되었다. 그는 보석을 그냥 갖고 있다가, 31일째 되는 날 왕궁으로 가서 왕비에게 돌려주었다.

의아한 표정으로 왕비가 물었다.

"한 달 전에 붙여놓았던 벽보를 못 보았나요?"

랍비가 보았다고 대답하자, 왕비가 다시 물었다.

"그런데 왜 30일이 지나도록 그것을 가지고 있었나요? 하루만 일찍 가져왔더라도 당신은 후한 상을 받았을 텐데, 목숨이 아깝지 않은가요?"

그러자 랍비가 대답했다.

"제가 30일 이전에 이 보석을 가져왔다면, 세상 인간들은 저에게 손가락질했을 겁니다. 제가 왕비님을 두려워하고 있다고 말입니다. 그렇기 때문에 저는 오늘까지 기다렸다가 가져온 것입니다. 제가 두려워하는 것은 왕비님이 아니라 오직 신뿐이라는 사실을 인간들에게 말해주고 싶었기 때문입니다."

랍비의 설명을 들은 왕비는 존경을 가득 담아 말했다.

"그토록 철저하게 신을 받드는 당신에게 깊은 경의를 표합니다."

250
· 연대책임

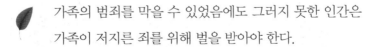
가족의 범죄를 막을 수 있었음에도 그러지 못한 인간은 가족이 저지른 죄를 위해 벌을 받아야 한다.

동포의 범죄를 막을 수 있었음에도 그러지 못한 인간은 그가

저지른 죄를 위해 벌을 받아야
한다.

세상의 범죄를 막을 수 있었
음에도 그러지 못한 인간은 세
상이 저지를 죄를 위해 벌을 받
아야 한다.

251
● 유대인의 이타심

만일 유대인이 인간 세상을 떠나 10년 동안 오직 한 가
지만 공부했다면, 그는 10년 후에 하느님께 제물을 바
치고 용서를 빌어야 한다.

왜냐하면 아무리 훌륭한 공부라 해도 사회로부터 자기 자신
을 고립시키는 것은 죄악이기 때문이다.

252
• 혀의 양면성

 어느 날, 한 청년이 찾아와 랍비에게 물었다.

"선생님, 세상을 살아가는 데 가장 조심해야 할 게 뭡니까? 가르쳐주십시오."

랍비가 청년에게 대답했다.

"눈과 귀와 코는 인간이 자기 마음대로 조절할 수 없지만, 입과 손과 발은 자기 마음대로 조절할 수 있지. 하지만 가장 조심해야 할 게 바로 혀라네. 자네가 혀를 어떻게 조절하느냐에 따라서 자네는 목숨을 잃을 수도 있고, 부귀영화를 누릴 수도 있다는 것을 명심하게."

253
· 인간의 자존심

만약 누구라도 돈을 빌릴 때는 돈을 빌려줄 자에게 담보를 설정해야 한다. 그러나 담보물이 둘 이상 있을 경우에만 담보를 잡을 수 있다.

채무자에게 옷이 한 벌밖에 없을 경우에는 그것을 담보로 잡을 수 없다. 그러나 단 하나밖에 가지고 있지 않은 것이라 해도, 그것이 사치품일 경우에는 예외다.

당나귀 한 마리를 담보로 설정했는데, 그것을 생계를 위해 부리고 있다면 가질 수가 없다. 다만 채무자가 당나귀를 사용하지 않는 밤에는 그 당나귀를 채권자가 부릴 수 있다.

의복을 담보로 잡았을 경우, 추운 밤이 되면 그 옷을 되돌려 주어야 한다. 그러나 채무자가 저녁에 그 옷을 찾으러 가는 것은 금지되어 있다. 채권자가 돌려주러 가야 하는데, 이는 인간의 자존심을 지켜주기 위해서다.

254
· 상의 가치

사자의 목구멍에 날카로운 뼈가 걸렸다. 사자는 자기 목구멍에서 뼈를 빼주는 자에게 아주 좋은 상을 주겠다고 동물들에게 얘기했다.

그러자 학이 기꺼이 나섰다.

학은 사자의 입을 크게 벌리도록 한 다음, 자신의 긴 부리를 입 속에 쑥 집어넣어 걸려있던 뼈를 빼냈다.

그리고 학이 사자에게 상을 달라고 하자, 사자가 퉁명스럽게 말했다.

"내 입 속에 머리를 집어넣었다가 살아서 도망간 놈은 아직까지 없었다. 그런데 너는 내 입 속에 머리를 집어넣고서도 아직까지 살아있으니, 그걸 바로 상이라고 생각해라."

255
• 지혜로움의 원천

지혜로운 자란 누구인가? 모든 이에게 가르침을 주는 자다. 지혜로운 인간은 그보다 못한 자 앞에서 어지러운 말을 하지 않는다. 그는 친구가 말하는 중간에 끼어들지 않는다. 그는 핵심을 물어보고, 문제의 요점을 정확히 짚어낸다.

그는 먼저 알게 된 사실을 말하고 나서 나중에 알게 된 사실을 말한다. 그는 들어본 적 없는 일에 대해서 솔직히 모른다고 말한다. 그는 진리를 볼 줄 알며 허튼 소리를 하지 않는다.

256
● 말을 해

누군가 당신에게 안 좋은 결과를 불러올 일을 묻는다면 말해주지 말라. 그러나 새벽에 일어나 길을 나서면 강도 떼를 만날 사실을 알고도 그에게 다른 시간에 길을 나서라고 충고해주지 않은 것은 잘못이다.

257
● 공정한 판결

사형 판결을 내릴 경우, 그 판결이 판사들의 만장일치로 이루어지면 무효로 처리한다. 재판에서는 항상 두 가지 견해가 존재하기 마련인데, 한 가지 견해밖에 나타나지 않은 것으로 보아 재판의 공정성에 문제가 있기 때문이다.

258
· 랍비와 부자

근사한 배를 타고 여행 중인 부자들이 각자 자신들의 재산을 자랑하느라 여념이 없었다. 그들 중 한 부자가 마침 옆에 있던 랍비에게 재산이 얼마나 되느냐고 물었다. 그러자 랍비가 대답했다.

"나는 나 자신도 여러분 못지않은 부자라고 생각합니다. 그러나 지금 당장 내 재산을 보여드릴 수는 없군요."

그의 말에 모든 인간들이 콧방귀를 뀌었다.

얼마 후, 갑자기 해적이 배를 습격했다. 부자들이 지니고 있던 금은보석과 소지품을 모두 해적에게 털리고 말았다.

랍비는 도착한 곳의 인간들에게 그의 높은 학식을 인정받아, 학생들을 모아놓고 강의를 하며 어려움 없이 지냈다. 그러나 함께 배에 타고 있던 부자들은 가지고 있던 재산을 모두 잃는 바람에, 가난뱅이로 비참하게 생활했다.

어느 날, 같이 배에 탔던 부자들이 랍비를 만났다. 이때 그들은 랍비를 보자마자 이구동성으로 이렇게 말했다.

"당신의 말이 옳았습니다. 지식이야말로 남에게 빼앗길 일이 없는 가장 안전하고 확실한 재산이군요."

259
· 기회를 쫓는 자, 얻는 자

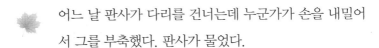 인간들은 이 세상을 떠나기 전까지 자신이 원하는 것의 반도 이루지 못한다. 100디나르를 가진 인간은 200디나르를 갖고 싶어 하고, 200디나르를 가진 인간은 400디나르를 갖고 싶어 하기 때문이다. 기회를 억지로 잡고자 하는 자에게는 기회가 빗겨가고, 기회에 복종하는 자는 기회가 찾아간다.

260
· 참된 양심

어느 날 판사가 다리를 건너는데 누군가가 손을 내밀어서 그를 부축했다. 판사가 물었다.

"나를 도와주는 이유가 무엇인가?"

"제가 요즘 송사를 치르는데 결과가 아직 나오지 않았습니다."

"그렇다면 나는 네 송사를 재판할 자격이 없다. 법관은 돈은 물론이고 다른 비물질적인 뇌물도 받아서는 안 된다."

261
• 위대한 하느님의 성령

어떤 로마인이 랍비를 찾아와서 이렇게 말했다.

"당신들은 하느님 이야기만 하고 있는데, 도대체 그 하느님이 어디에 있는지 내가 납득할 수 있게끔 가르쳐주면 나도 그 하느님을 믿도록 하겠소."

몹시 심술궂은 질문이었지만, 랍비는 이를 못 들은 척할 수가 없었다. 랍비는 그 로마인을 밖으로 데리고 나가 태양을 가리키며 말했다.

"저 태양을 똑바로 쳐다보시오."

그러자 로마인은 태양을 잠깐 쳐다보고는 소리쳤다.

"엉터리 같은 소리는 집어치우시오! 어떻게 태양을 똑바로 쳐다볼 수 있단 말이오."

그러자 랍비가 다음과 같이 말했다.

"하느님께서 창조하신 많은 것들 가운데 하나인 태양조차 바로 볼 수 없다면, 어떻게 위대하신 하느님을 눈으로 볼 수 있겠소?"

262
• 시집가는 딸에게

 시집가는 나의 예쁜 딸에게.

만약 네가 남편을 마치 왕처럼 떠받든다면, 네 남편도 너를 여왕처럼 떠받들 것이다. 하지만 네가 집안의 하녀처럼 행동한다면, 네 남편도 너를 하녀처럼 대할 것이다.

만약 네가 너무 지나치리만치 자신의 주장을 내세우고 남편의 말을 잘 따르지 않는다면, 남편은 완력을 써서라도 너를 굴복시킬 것이다.

만약 네 남편이 친구를 만나러 나간다면, 깨끗한 몸과 옷매무새로 나갈 수 있도록 도와주어라.

만약 네 남편의 친구가 집에 찾아오면, 정성을 다해서 지극히 대접해라. 그러면 네 남편이 고마워서 너를 아주 소중하게 여길 것이다.

만약 네가 언제나 가정을 위해 마음을 쓰고, 남편의 물건을 하나하나 소중하게 다룬다면, 네 남편은 머리에 쓰고 있는 왕관이라도 너에게 벗어줄 것이다.

263
강한 네 마리의 곤충

세상에는 약자이면서도 강자에게 공포감을 불러일으키게 하는 것 네 가지가 있다. 바로 다음과 같은 것들이다.

첫째. 모기다. 모기는 사자에게는 그야말로 공포의 대상이다.

둘째, 거머리다. 거머리는 덩치가 산더미만 한 코끼리가 봐도 징그러운 놈이다.

셋째, 파리다. 아무리 사납다는 전갈도 파리에게는 꼼짝하지

못한다.

넷째, 거미다. 하늘의 매도 거미줄에는 공포감을 느낀다.

어떤 강자에게든 항상 천적은 존재하기 마련이다. 아무리 힘없고 보잘것없는 미물이라도, 조건만 충분히 갖춰지면 강자를 이길 수 있다.

264
• 삼형제

어떤 임금님에게 외동딸이 있었는데, 어느 날 그 딸이 중병에 걸려 몸져누웠다. 의사는 세상에 둘도 없는 신통한 약을 먹이지 않는 한 살아날 가망이 없다고 하였다.

고심하던 임금님은 자기 딸의 병을 고쳐주는 인간을 사위로 삼는 것은 물론, 다음번 임금의 자리까지도 물려주겠다고 포고문을 붙였다.

당시 아주 외딴 시골에 삼형제가 살고 있었는데, 그 가운데 맏이가 망원경으로 포고문을 보게 되었다. 삼형제 중 둘째는 어디든 금방 날아갈 수 있는 마법의 융단을 갖고 있었고, 셋째는

먹기만 하면 어떠한 병도 낫게 하는 마법의 사과를 갖고 있었다.

삼형제는 서둘러 마법의 융단을 타고 왕궁으로 가서 공주에게 마법의 사과를 먹게 했다. 그러자 정말 신통하게도 공주의 병이 씻은 듯 낫게 되었다. 임금님은 크게 기뻐하며, 이미 약속했던 것처럼 삼형제 중 한 명을 사위로 맞아들여 왕위를 물려주겠다고 했다.

이 문제를 두고 삼형제끼리 서로 의논하는 자리에서 첫째가 말했다.

"내가 망원경으로 포고문을 보지 못했다면, 공주가 아픈 것도 몰라 우리들은 이곳에 오지 못했을 거야."

이번에는 둘째가 말했다.

"누가 뭐래도 마법의 융단이 없었다면, 이렇게 먼 곳까지 올 수 없었을 거라구."

두 인간의 말을 듣고 있던 셋째가 말했다.

"그렇지만 마법의 사과가 없었다면, 공주의 병을 치료할 수 없었을 것 아냐?"

임금은 사과를 갖고 있던 셋째를 사위로 삼았다. 그는 다른 형제들과 달리 사과를 임금님의 외동딸에게 주어버렸으므로 아무것도 갖고 있지 않았기 때문이다. 무엇인가를 해줄 때는 갖고 있는 모든 것을 바치는 게 가장 중요하다.

265
• 어떤 랍비의 선택

하루는 랍비 엘리자가 굶주림에 지쳐 잠이 들었다. 꿈
에서 그는 하느님 옆에 앉아 있었다. 그가 물었다.

"저는 인간 세상에서 얼마나 더 고통받아야 합니까?"

"내 아들아, 너는 내가 이 세상을 다시 원시 상태로 되돌려놓기를 원하느냐? 그렇게 된다면 넌 아주 행복해지겠지.”

“제가 어찌 제 행복을 위해 세상을 도탄에 빠트리길 바라겠습니까? 저는 그리 되길 바라지 않습니다.”

랍비는 스스로 고통스러운 인간 세상으로 가길 원했다.

266
· 얼굴의 쓰임새

인간의 얼굴 크기는 손가락을 활짝 펼쳤을 때의 크기밖에 안 되지만 서로 침범할 수 없는 수원을 가지고 있다. 눈에서 흐르는 물은 짜고, 귀에서 흐르는 물은 기름지며, 코에서 흐르는 물은 메스껍고, 입에서 흐르는 물은 달다.

눈물이 짠 이유는 뭘까? 인간이 상을 당했을 때 계속 눈물을 흘리게 되면 너무 울어서 눈이 멀어버릴 것이다. 하지만 눈물이 짜면 계속 울 수 없다.

귀에서 흐르는 물에 기름기가 있는 이유는 뭘까? 인간이 나쁜 소식을 들었을 때 귀에서 이야기가 빠져나가지 않으면 마음속에 병이 생기고 결국 죽음에 이르게 된다. 하지만 귀에서 나오는 물이 기름지기 때문에 귀로 들은 이야기는 쉽게 밖으로 빠져나갈 수 있다.

콧물이 매스꺼운 이유는 뭘까? 인간들이 좋지 않은 냄새를 맡

앉을 때 매스꺼운 냄새를 가진 콧물이 보호하지 않는다면 사망하게 될 것이기 때문이다.

타액이 단 이유는 뭘까? 인간들이 때때로 싫어하는 음식을 입에 넣었을 때 타액이 달지 않다면, 빠져 나갔던 인간의 영혼이 다시 돌아오지 못하기 때문이다.

267
• 유대인의 전통

양을 많이 키우던 왕이 있었다. 그는 양치기를 고용했다. 어느 날 양과는 모습이 전혀 다르게 생긴 동물 한 마리가 양떼 속으로 들어오자, 양치기는 그 사실을 왕에게 보고했다.

"이상한 동물 한 마리가 저희 양떼 속으로 들어왔는데, 어떻게 하면 좋겠습니까?"

그러자 왕이 무덤덤하게 지시를 내렸다.

"그 동물을 각별히 잘 보살펴주어라."

양치기가 의아한 표정을 짓자, 왕이 이렇게 덧붙였다.

"내가 키우던 양이야 처음부터 내 양이었으니 별 걱정할 것이 없을 게다. 하지만 새로 들어온 그 짐승은 지금까지 전혀 다른 곳에서 살다 왔는데도 다른 양들과 같이 잘 지내고 있다니, 그 얼마나 기쁜 일이냐?"

　유대인들은 태어난 순간부터 유대의 전통 속에서 성장하게
된다. 그런데 유대의 전통이 아닌 다른 환경 속에서 성장한 인간
이 유대의 전통과 문화를 이해하고 받아들이는 경우에는, 유대
인들로부터 원래의 유대인보다 더 큰 존경을 받는다.

268
· 부부의 금슬

　월경 중에는 아내에게 성관계를 요구해서는 안 된다.
월경 후에도 일주일 동안은 금지되어 있다. 아무리 부
부 사이라 해도 이 기간에는 절대로 관계를 가질 수 없기 때문에
그동안 서로에 대한 그리움이 깊어지게 된다. 따라서 금지 기간
이 지나면, 부부는 새로운 밀월 관계를 유지할 수 있게 되는 것
이다.

269
• 참회와 선행

누구든 단두대에 올라 처벌을 받게 되었을 때 위대한 변호사를 구할 수 있다면 목숨을 구할 수 있다. 하지만 만약 그러한 변호사를 찾지 못한다면 조용히 죽음을 맞이해야 한다. 세상에서 가장 위대한 변호사는 바로 참회와 선행이다.

270
무료 처방전

의사가 무료로 처방전을 써준다면 그것을 믿지 마라.

제4장

세상의 지혜

이 세상에는 너무 과하게 사용해서는 안 되는 세 가지가
있다. 빵에 넣는 이스트와 소금, 그리고 망설임이다.

271
현명한 인간

누구를 만나든, 무엇인가를 배울 수 있는 인간이
이 세상에서 가장 현명한 인간이다.

272
• 아침밥은 질투를 없애고
사랑을 북돋아준다

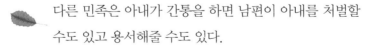 아침밥을 먹으면 다음과 같은 효능을 볼 수 있다.

아침밥은 더위와 추위를 막으며, 바람을 막아 마귀를 내쫓아준다. 아침밥은 우매한 자를 총명하게 만들고, 송사에 휘말린 자를 승리로 이끌며, 공부와 경문 연구에 도움을 준다. 아침밥은 끊임없이 화를 밖으로 분출시켜서 남편이 다른 여자를 탐하지 않게 해준다. 아침밥은 기생충을 없앤다.

성현이 말하길 "아침밥은 질투를 없애고 사랑을 북돋아준다"고 했다. 그리고 유대인들은 "마라톤에 참가한 60명의 선수 중 아침밥을 먹은 자가 일등이다"라고도 말한다.

273
• 유대인의 심판관

다른 민족은 아내가 간통을 하면 남편이 아내를 처벌할 수도 있고 용서해줄 수도 있다.

그러나 유대인은 자신의 모든 죄를 하느님에 대한 죄로 여기므로, 설령 아내가 간통을 했다 할지라도 남편이 그 죄를 용서할 권리가 없다.

그것은 유대인의 세계를 다스리는 하느님에게 저지른 죄다.

274
• 우애 깊은 심판관

이스라엘에 두 형제가 살고 있었다. 형은 이미 결혼을 하여 아내도 있고 자식도 여러 명이 있었다. 그러나 동생은 아직 미혼이었다.

부지런히 농사를 짓던 두 형제는 아버지가 돌아가시자 유산을 반씩 똑같이 나누어 가졌다. 사과와 옥수수를 수확하던 날, 두 형제는그것을 똑같이 반으로 나누어 각자의 몫을 자기 창고에 따로따로 넣어두었다.

그날 밤, 동생은 나누어 가진 몫의 상당 부분을 형의 창고로 옮겨놓았다. 형의 집에는 식구가 많아서 식량이 부족할까봐 염려되었기 때문이다.

그날 밤, 형도 자기 몫에서 많은 양을 떼어내어 동생의 창고로 옮겨놓았다. 자기는 아내와 자식들도 있으니 노후를 걱정할 필요가 없지만, 미혼인 동생은 혼자서 많이 힘들 거라는 생각에서였다.

날이 밝은 뒤, 각자 자기 창고에 가본 두 인간은 깜짝 놀랐다. 창고에 있는 물건들의 양이 어제와 달라진 것이 없었기 때문이다. 그 뒤로도 사흘 동안 똑같은 일이 반복되자, 형제는 참으로 의아하게 생각했다.

다시 그 다음날 밤, 형과 아우는 다시 물건을 옮기기 시작했다. 그러다가 그만 중간에서 마주치고 말았다.

형과 동생은 그제야 이유를 깨닫고, 서로를 부둥켜안고 기쁨의 눈물을 흘렸다.

두 형제가 부둥켜안고 울었던 곳은 예루살렘에서 가장 고귀한 장소로 지금까지 전해지고 있다.

275
• 어떤 결혼

모든 재산을 팔아서라도 자기의 딸을 학자와 혼인시키는 것은 바람직한 일이다. 또는 만약에 학자의 딸을 데려올 수 있다면 모든 재산을 잃어도 좋다.

276
은혜로운 하느님

자신이 어디에서 왔는지 알고, 자신이 가야 할 방향을 알며, 누구에게 자신의 진심을 털어놓을지 알고 죄악의 마수에 걸려들지 말아야 한다.

"나는 어디에서 왔는가?" 나는 타락한 인간 세상에서 왔다.

"나는 어디로 가는가?" 나는 먼지 날리고, 구더기가 기어 다니며, 모든 것이 혼란스러운 곳으로 간다.

"나는 누구에게 진심을 털어놓을 것인가?" 하느님, 신성하고 거룩하신 하느님에게 털어놓을 것이며, 하느님이 나를 보우해 주신다.

277
진정한 배려

네 형제의 소나 양이 길을 잃는 것을 보았다면, 못 본체 하지 말고 형제의 집으로 돌려보내라.

네 형제가 먼 곳으로 떠나거나, 네가 형제의 집을 모른다면, 형제가 찾아올 수 있도록 네 집을 떠나지 마라.

네 형제가 당나귀나 옷 혹은 무엇인가를 잃어버렸을 때, 네가 발견한다면 못 본체하지 말라.

278
혀의 교훈

 어떤 훌륭한 랍비가 제자들을 위해 특별히 음식을 장만하여, 함께 식사하는 자리를 마련했다.

맛깔스럽게 차려진 음식 중에는 소와 양의 혀로 된 요리도 있었다. 그런데 혀 요리 중에는 딱딱한 것도 있고, 부드러운 것도 있었다.

제자들이 부드러운 것에만 손을 대자, 그것을 보고 있던 랍비가 한마디했다.

"너희들도 항상 혀를 부드럽게 간직하도록 해라. 혀가 딱딱해지면 다른 인간을 화나게 하거나, 서로 싸움의 불씨를 만들게 된다."

279
• 양초의 힘

불이 켜진 양초 하나로 수많은 양초에 불을 붙여도, 원래의 불빛이 약해지는 것은 아니다.

280
• 랍비와 광대

어느 날, 수많은 무리들로 북적대는 시장을 찾아간 랍비가 큰 소리로 외쳤다.

"이 시장 안에 영원한 생명을 약속받을 만한 자격이 있다고 생각하는 분이 있으면, 이리 나와 보십시오!"

그때 두 젊은이가 용감하게 랍비 앞으로 나섰다.

그러자 랍비가 머리를 끄떡이며 말했다.

"두 분은 정말 훌륭한 분들이오. 영원한 생명을 받기에 부족함이 전혀 없는 분들입니다."

주위에 몰려 있던 무리들이 그들에게 물었다.

"당신들은 도대체 뭐하는 인간이오?"

인간들이 궁금해 하자, 그들이 자신들의 직업을 밝혔다.

"저희는 광대입니다. 슬프고 우울한 인간들에게는 웃음을 선사하고, 서로 싸우는 인간에게는 평화를 가져다주는 게 저희 직업입니다."

281
· 랍비와 친구

 한 랍비가 깊은 산 속에서 기도하면서 혼자 살고 있었다. 그러던 어느 날, 친구가 찾아왔다.

랍비는 친구에게 말했다.

"얼마 전에 막내딸까지 시집보냈으니 아무 걱정이 없겠네."

친구는 근심 걱정이 한가득 담긴 한숨을 길게 내쉬었다. 그러고는 랍비에게 대답했다.

"자네 말대로 막내딸을 시집보내면 아무 걱정 없이 살 줄 알았네. 그런데 막냇사위 때문에 걱정이 태산일세."

"왜, 자네 사위가 무슨 나쁜 짓을 했나?"

"막냇사위한테는 그 동안 우리가 몰랐던 아주 나쁜 버릇이 한 가지 있더군. 막냇사위는 노름을 못한다네."

"아니, 노름을 못 한다는 게 왜 나쁜 버릇인가? 그건 아주 잘된 게 아닌가?"

"할 줄도 모르는 노름을 자꾸 하니, 정말 나쁜 버릇 아닌가?"

282
• 로마군과 청년

 로마군이 이스라엘로 쳐들어갔다. 침입을 받은 이스라엘은 온통 아수라장이 되었다.

승리를 거둔 로마군의 사령관은 말을 타고 체포한 포로들을 둘러보았다. 사령관은 그중 영리하게 생긴 청년에게 말을 붙였다.

"내 두 눈 중에서 하나는 가짜 눈이다. 어느 쪽이 가짜 눈이냐? 네가 알아맞히면 풀어주겠다."

청년이 로마군의 사령관에게 대답했다.

"왼쪽 눈입니다."

"내 왼쪽 눈이 가짜라는 걸 어떻게 알았느냐?"

사령관이 다시 묻자, 청년이 다시 대답했다.

"왼쪽 눈이 더 인간답게 보였기 때문입니다."

로마군 사령관은 병사에게 명령했다.

"알아맞혔으니, 저 청년을 풀어주어라!"

283
- 천사의 교훈

한 랍비가 송아지를 도살할 준비를 마쳤을 때 갑자기 송아지가 달아났다. 송아지는 머리를 파묻고는 두려움에 떨며 울부짖었다. 하지만 랍비는 이에 아랑곳하지 않고 송아지를 끌어내며 말했다.

"어서 이리 오너라. 너는 도살되기 위해 태어난 게야."

그때 랍비 앞에 천사가 나타났다.

"너는 티끌만 한 동정심도 없구나. 너에게 고통을 느끼게 해주겠다."

랍비는 갑자기 몸에 담석이 생겨 고통을 받기 시작했다.

하루는 랍비의 하인이 방을 청소하다가 방 한구석에 새끼 족제비를 발견하고는 즉시 죽이려 했다. 그 모습을 지켜보던 랍비가 말했다.

"그 녀석을 살려주어라. 〈성경〉에도 '여호와께서는 모든 것을 선대하시며 그

지으신 모든 것에 긍휼을 베푸시는도다'라고 하지 않았느냐?"

이날 저녁 천사가 랍비 앞에 나타나 말했다.

"이제야 조금 동정심을 가지게 되었구나. 우리도 네게 동정심을 베풀어주지."

그렇게 해서 랍비는 질병의 고통에서 벗어나게 되었다.

284
• 참된 조화

군대가 길을 따라 행진하고 있었다.

길의 오른쪽은 눈과 얼음으로 덮여 있었다. 그리고 길의 왼쪽은 불바다였다.

군대가 길 오른쪽으로 행진하면 모두 얼어 죽고, 길 왼쪽으로 행진하면 모두 불에 타 죽을 상황이었다. 하지만 길의 가운데는 따뜻함과 시원함이 적당하게 조화되어 있었다.

조화란 중요한 것이다.

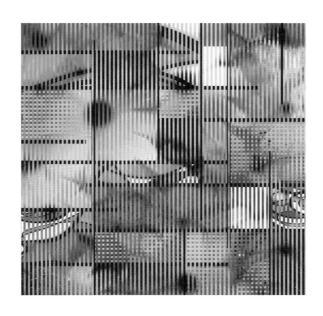

285
• 랍비와 제자

 어느 날, 랍비는 어린 제자와 함께 시장에 가서 물건을 사려고 마차를 타고 갔다.

마차가 막 왕궁 앞을 지나고 있을 때였다.

'쾅, 쾅, 쾅'

갑자기 엄청나게 큰 대포 소리가 났다. 대포 소리에 깜짝 놀란 어린 제자가 재빨리 랍비 품을 파고들었다.

"선생님, 무슨 일이 일어난 건가요?"

떨리는 목소리로 어린 제자가 랍비에게 물었다.

"놀랄 것 없다, 얘야. 왕비마마께서 지금 막 왕자님을 낳으셨나 보구나."

랍비가 대답하자, 어린 제자가 놀란 토끼처럼 눈을 동그랗게 뜨고 말했다.

"아하, 그렇군요. 왕비마마께서는 저렇게 큰 소리를 내면서 왕자님을 낳으시는군요. 선생님, 저는 그걸 오늘 처음 알았어요. 선생님, 다음부턴 저런 소리가 나도 놀라지 않을게요."

286
• 참회의 가치

랍비 이스마엘 벤 엘리자가 말했다.

"너희가 죽기 전 하루 동안 참회하라."

그의 제자들은 그에게 물었다.

"우리가 언제 죽을지 어떻게 알 수 있단 말입니까?"

그러자 랍비는 답했다.

"그렇기 때문에 인간은 매일 참회해야 하는 거란다. 내일 죽게 될지도 모르니까. 그렇게 평생을 참회하며 보내는 거지."

287
• 하느님의 의지

태초에 하느님이 여자를 만들 때 남자의 머리로 여자를 만들지 않은 이유는, 여자가 남자를 지배할 수 없도록 하기 위해서다.

남자의 발로 여자를 만들지 않은 이유는, 여자가 남자의 노예가 되지 않도록 하기 위함이다.

남자의 갈비뼈로 여자를 만든 이유는, 여자가 항상 남자의 마음 가까이 있도록 하기 위함이다.

288
꿈의 해몽

어떤 남자가 이웃집 여인을 짝사랑하여 한번 성관계를 갖기를 바라고 있었다.

그러던 어느 날 밤 꿈에, 그는 드디어 그 여인과 성관계를 맺는 데 성공했다.

이것은 좋은 조짐이다. 실제로는 스스로 자기 자신을 그만큼 자제하고 있다는 증거이기 때문에 매우 좋은 일이다.

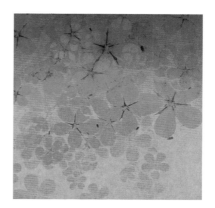

289
• 인생을 일깨워 주는 가치

아름다움, 힘, 재물, 영예, 지혜, 만족, 자식은 올바른 인생이란 무엇인지를 일깨워주는 것들이자 세상에 속해 있는 것들이다.

290
• 진정한 신앙으로 거듭난다는 건

신앙심은 높지만 성격이 급한 인간이 있었다. 그는 다른 이와 다투기 시작하면 남의 이야기를 들으려 하지 않고 욕을 퍼부었다. 하지만 일단 안정하고 난 뒤에는 자신의 행동을 크게 후회하며 뉘우쳤다. 그는 선지자에게 가르침을 청했다.

"제가 어떻게 해야 화가 났을 때 남에게 욕하는 버릇을 없앨 수 있을까요?"

"남에게 하는 욕을 스스로에게 해보세요. 아니면 욕하기 전에 이렇게 생각해 보세요. '내가 한 욕은 결국 내게 되돌아오게 되어 있다'고 생각하면 더 이상 욕을 하지 않게 될 겁니다."

선지자의 가르침을 받고 난 뒤 그는 자신만의 문제 해결 방법을 찾았다. 욕을 하고 난 뒤에 상대방에게 후한 선물을 하는 것이다. 그렇게 그는 스스로 욕을 한 것에 대한 비싼 대가를 치루면서 점차 자신을 제어할 수 있게 되었다. 선물이 그의 나쁜 성격을 고치는 중요한 역할을 하게 된 것이다.

291
• 감사의 힘

 긴 여정에 지치기도 했지만, 배고픔과 갈증에 시달리던 나그네가 있었다.

그는 풀 한 포기 없는 뜨거운 사막을 걷다가 겨우 오아시스에 닿았다.

그는 나무 아래의 시원한 그늘에서 쉬면서 과일로 굶주린 배를 채우고, 시원한 물로 갈증을 풀었다. 그러고 나니 저절로 안도의 한숨이 나왔다.

하지만 그는 그 자리에 마냥 주저앉아 있을 수가 없었다. 그는 다시 갈 길을 재촉하며, 그늘을 만들어준 나무에게 감사의 작

별 인사를 했다.

"나무야, 정말 고맙다. 뭐라고 이 고마운 마음을 표현해야 할지 모르겠다. 네 열매가 더욱 알차게 되기를 빌고 싶지만, 이미 네 열매는 이 세상 어떤 열매보다도 알차게 맛있으니 그럴 필요가 없는 것 같구나. 너의 이 시원한 그늘이 더욱 커지도록 빌고 싶지만, 이미 편안히 쉴 수 있을 만큼 넉넉하니 그 또한 필요가 없을 것 같구나. 네가 더욱 잘 자라도록 물이 풍부하기를 빌고 싶지만, 물도 이미 충분한 것 같구나. 내가 너를 위해 할 수 있는 것이 있다면, 그것은 네가 더 많은 열매를 맺어, 그 열매가 더 많은 나무로 뿌리내리고, 또 너처럼 아름다운 나무로 성장하기를 비는 것뿐이겠구나."

만일 당신이 누군가와 작별을 할 때, 그가 이미 훌륭한 인물이라면 "당신의 자녀도 부모와 같이 훌륭한 인물이 되기를 빌겠습니다"라고 인사하라.

292
• 가난은 삶을 다부지게 한다

 옛날에 좋은 가문의 여우와 천한 집안에 태어난 여우가 길에서 만났다.

전통 있는 가문의 여우는 천한 집안의 여우에게 자기 집안을 자랑하였다. 그러자 천한 집안의 여우가 대답했다.

"너의 집은 너 하나로 끝이 나지만, 우리 집안은 나로부터 시작된다네. 나는 살아가는 방법이 중요하다는 걸 알고 있기 때문이지."

293
아름다운 우정

사이좋은 두 친구가 있었다. 하지만 전쟁이 나서 헤어진 뒤 서로 적국인 나라로 떨어져 살게 되었다. 하루는 한 친구가 다른 친구를 찾아 적국으로 들어갔다가 붙잡혔다. 그는 간첩으로 오해받아 곧 사형에 처할 위기에 직면하게 되었다. 그가 아무리 변명을 해보아도 그의 말을 믿어주는 자는 아무도 없었다. 그는 국왕에게 직접 청을 했다.

"폐하, 저에게 한 달만 시간을 주십시오. 고향으로 돌아가 제 일을 마무리하고 가족들과 작별 인사를 하고 싶습니다. 그리고 한 달 뒤에 반드시 돌아와 사형을 받겠습니다."

"내가 어찌 너의 말을 믿겠느냐? 무엇으로 너의 말을 보증하겠느냐?"

"제 친구가 저를 보증해줄 겁니다. 만약 제가 돌아오지 않는다면 저 대신 그를 죽이십시오."

왕은 그의 친구를 불러 사정을 이야기하고 대신 보증을 서겠느냐고 물었다. 왕의 말에 친구는 망설임 없이 그러겠노라고 답했다.

그렇게 한 달이 흘렀다. 해는 뉘엿뉘엿 지는데 오겠다던 친구가 돌아오지 않자 왕은 그의 친구를 대신 사형에 처하라 명했다.

그런데 사형 집행원이 막 형을 집행하려고 하는 순간 멀리서 친구가 돌아오는 모습이 보였다. 그는 왕 앞으로 성큼성큼 걸어오더니 말했다.

"제가 돌아왔으니 친구를 살려주시고 저를 죽여주십시오."

왕은 두 친구의 우정에 감동해서 두 친구를 모두 살려주었다.

"너희의 우정이 정말 아름답다. 나도 너희들과 함께 그 우정을 나눌 수 있으면 좋겠구나."

그날 이후 두 친구는 왕의 벗이 되었다.

294
• 과욕은 몸을 망치게 한다

자신의 말을 돌보듯 자신의 몸을 돌보면 병을 예방할 수 있다. 가축에게 지나치게 많은 풀을 먹이는 주인은 없다. 모두 각자의 능력에 따라 풀을 먹는다. 하지만 제 몸의 능력은 생각하지 않고 너무 많은 음식을 먹는 인간도 있다.

295

불쌍한 남자

다음은 살아 있으나 살아 있다고 할 수 없는 남자들이다.
첫째, 먹고살 집이 없는 남자.
둘째, 언제나 마누라에게 쥐여 사는 남자.
셋째, 언제나 몸이 아파 괴로워하는 남자.

296
● 랍비의 꿈 예언

로마 군대의 어떤 장교가 랍비를 보더니, 자신이 그날 밤 무슨 꿈을 꾸게 될지 알려달라고 했다. 그러자 랍비가 이렇게 대답했다.

"페르시아 군이 로마를 대파하고, 로마 인간들을 노예로 삼아 궂은 일만 시키는 꿈을 꾸게 될 겁니다."

다음날, 그가 다시 랍비를 찾아와 물었다.

"아니, 내가 그런 꿈을 꾸리란 것을 어떻게 알았습니까?"

그러나 랍비는 아무런 대꾸도 하지 않은 채 침묵만 지켰다.

꿈이란 것은 자기암시에서 비롯된다.

297
 어떤 이스라엘 병사

어느 무더운 날, 이스라엘 군대와 아랍 군대가 맞서고 있었다.

전선은 팽팽한 긴장감만 감돌 뿐 전투는 없었다. 양쪽 병사들은 아무 전투도 없이 지루한 하루하루를 보냈다.

이때 한 이스라엘 병사가 아랍군의 쌍두마차를 몰고 나타났다. 그 병사는 적의 장비를 훔쳐 온 공을 인정받아 훈장을 받았고 포상 휴가도 받아서 고향으로 갔다.

고향 인간들은 훈장을 받고 돌아온 병사를 열렬히 환영해주었다. 그러자 그 병사는 말했다.

"저는 이렇게 열렬하게 환영받을 만큼 용감한 병사가 아닙니다. 요즘 전선에서는 전투도 없습니다. 그래서 우리는 휴가를 가고 싶으면 아랍군에게 편지를 보냅니다. 비밀 장소에서 만난 우리 병사와 아랍 병사는 서로의 쌍두마차와 무기를 바꿉니다. 고향이 멀면 멀수록 귀한 군수 물자들이 거래된답니다."

298
• 참된 우정

어느 날 제자가 랍비에게 물었다.
"선생님, 우정이란 무엇입니까?"
랍비가 제자에게 대답했다.

"그대의 친구가 싱싱한 채소를 가지고 있다 치세. 그러면 그대는 친구가 가지고 있는 그 싱싱한 채소와 맛이 어울리는 고기를 보내주게. 그것이 바로 우정일세. 또 그대의 친구가 그대에게 꿀처럼 달콤하게 잘해준다고 치세. 그렇다면 그대는 그것들을 싹싹 핥아먹지 말게. 그것이 바로 우정이라네."

299
• 성공은 누굴 위할까

 랍비가 황급히 뛰어가는 젊은이를 보고 물었다.
　　"무슨 일로 이리 바삐 가시오?"
　"빨리 앞으로 가서 성공하기 위해서입니다."
　여전히 달려가며 대꾸하는 젊은이에게 랍비가 말했다.
　"성공의 길이 당신이 좇고 있는 그 앞에 있다는 걸 어찌 아시오? 그 길은 아마도 당신 뒤에서 당신이 멈춰주기를 기다리고 있을 거요."

300
• 도둑과 자비

랍비와 제자가 여행을 다니다가 도둑을 만나 모든 물건을 다 빼앗기고 말았다.

도둑이 사라지자 제자가 랍비에게 말했다.

"선생님, 하느님은 저런 도둑놈들을 왜 안 데려가시는지 모르겠습니다."

그러자 랍비가 제자에게 말했다.

"우리는 도둑들이 자기들이 지은 죄를 뉘우치고, 착한 인간이 되기를 기도해야 하네. 도둑들에게 벌을 주는 건 우리 하느님께나 이 나라에 아무 이익도 되지 않아. 하지만 도둑이 죄를 뉘우치고 착한 인간이 되었을 때는, 우리 하느님께는 물론이고 우리나라에도 큰 이익이 된다네."

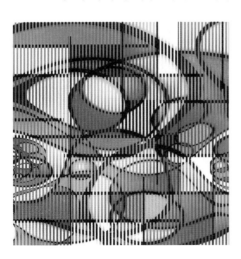

301
 이브의 질투

　　친구들 몇 명이 모여 아내들의 질투심을 토로하고 있었다. 문득 한 남자가 물었다.

"이브도 아담에게 질투를 느꼈을까?"

오랜 동안 진지한 토론이 계속되는 가운데 결론이 나왔다.

"이브도 당연히 질투를 느꼈지. 질투가 없는 사랑은 있을 수 없으며, 질투하지 않는 여자도 있을 리가 없으니까 말이야. 이브는 아담이 돌아오면, 언제나 그의 갈빗대를 세어 봤을 거야."

302
• 아버지와 열 아들

열 명의 아들을 둔 부자가 있었다. 그는 살아생전부터 아들들에게 자신이 죽게 되면 한 인간당 100디나르씩 나눠주겠다고 말했다. 하지만 세월이 지나면서 그의 재산도 크게 줄어 전 재산을 합쳐 봐도 950디나르 밖에 되지 않았다. 그는 임종이 다가오자 아홉 명의 아들에게 100디나르씩 나눠주고 막내아들에게 이렇게 말했다.

"모두 나눠주고 나니 50디나르가 남는구나. 이 중에서 장례 비용으로 30디나르를 쓰고 나면 20디나르밖에 안 남는단다. 하지만 이미 열 명의 친구들에게 너를 잘 돌봐주라는 부탁을 해두었으니 너무 걱정하지 말거라."

그는 이 말을 마지막으로 숨을 거두었다. 아홉 명의 아들들은 자신의 길을 찾아 떠났고, 막내아들은 가진 돈을 다 쓰고 빈털터리가 되었다. 그는 마지막으로 아버지의 친구들을 찾아갔다. 아버지의 친구들은 그를 반갑게 맞이하고는 배불리 먹인 뒤 말했다.

"그는 매우 다정하고 마음씨 착한 친구였지. 언젠가는 우리도 그에게 보답을 해야 한다고 생각하고 있었단다."

그리고는 그에게 새끼를 밴 암소 한 마리와 약간의 돈을 쥐어

주었다. 그는 암소가 송아지를 낳자 시장에 내다 팔았고, 돈을 모아 장사를 시작했다. 세월이 흘러 그는 자신의 아버지보다 훨씬 많은 돈을 벌어 큰 부자가 되었다. 그가 말했다.

"아버지 말씀이 옳았어. 친구는 세상 그 무엇보다 더 값진 거야."

303
● 랍비와 농부

랍비가 길에서 만난 사나이와 함께 여행을 했다. 그러다 우연히 병자 한 명을 만났는데 그가 물었다.

"선생님, 어떻게 해야 제 병이 나을까요?"

그들은 병이 나을 때까지 한 가지 약을 계속 복용하라고 말해주었다. 그러자 젊은이가 물었다.

"저 자에게 병을 준 이는 누구입니까?"

"신성하신 하느님이시다."

"그렇다면 랍비께서는 어찌 감히 그 일에 관여하시는 건가요?"

그러자 랍비가 질문했다.

"너는 무슨 일을 하느냐?"

"농사를 짓습니다."

"땅과 포도밭을 만드신 분은 누구인지 아느냐?"

"신성하신 하느님이십니다."

"그럼 당장 네가 농사짓고 있는 땅에서 나오거라! 하느님께서 창조하신 곳에서 열매를 먹다니 말이 되느냐?"

"무슨 소립니까? 두 분께서는 제 손에 들린 낫이 안 보이십니까? 만약 제가 손수 땅을 갈고, 비료를 뿌리고, 잡초를 뽑지 않았다면 아무것도 자라나지 않았을 겁니다."

"네가 비료를 뿌리고, 잡초를 뽑고, 땅을 갈아엎지 않았다면 곡식은 자라날 수 없었을 거다. 또 물을 대주지 않았다면 곡식은 모두 말라 죽었겠지. 인간의 육체도 마찬가지이다. 약은 비료이고, 의사는 농민이다."

304
유혹

어머니가 자물쇠로 문을 잠그고 있었다. 옆에 서 있던 어린 아들이 말했다.

"나쁜 인간이 들어올까 봐 그렇게 잠그는 거지요?"

"아니란다. 정직한 인간을 위해서 잠그는 거란다. 문이 열려 있으면 정직한 인간이라도 유혹을 받을 수 있기 때문이지."

305
착한 손님과 나쁜 손님

마음이 착한 손님은 이렇게 말한다.

"귀찮으실 텐데도 저를 위해 이렇게 넉넉한 고기와 맛있는 술, 풍족한 음식을 베풀어주시다니요! 저 때문에 이렇게 애쓰시다니, 너무 번거롭게 해드린 건 아닌지 모르겠습니다."

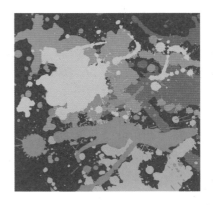

반면 최악의 손님은 이렇게 말한다.

"저를 위해 특별히 준비하신 거라도 있나요? 저는 단지 빵 부스러기와 고기 조금, 술 약간은 대접받았을 뿐이라고요! 당신이 이렇게 바쁜 것은 모두 당신의 아내와 아이들 때문 아닌가요?"

306
• 랍비 요하난

랍비 요하난은 한 번도 타인이 먼저 자신의 안부를 물어보게 하지 않았다. 그는 길거리의 이교도에게조차 언제나 먼저 인사를 건넸다.

307
• 자기완성

섹스는 창조의 행위이므로 이것 없이는 결코 자기완성을 이룰 수 없다.

308
• 장님과 절름발이

궁전에는 '오차'라고 하는 아주 맛있는 과일이 열리는 나무가 있었다. 왕은 두 명을 보초로 세워놓고 그 과일나무를 잘 지키도록 명령을 내렸다. 그런데 둘 중 한 명은 장님

이었고, 또 한 명은 절름발이었다.

그런데 이 장님과 절름발이가 한패가 되어 그 과일을 따먹자고 작당을 했다. 그리고 둘은 맛있는 과일을 실컷 먹었다. 그 사실을 알게 된 왕은 노발대발하면서, 그 둘을 모질게 심문했다.

장님은 앞도 볼 수 없는 자기가 어떻게 과일을 따먹을 수 있었겠냐고 변명을 했고, 절름발이는 자신의 키보다 높은 곳에 달려 있는 과일을 성치 않은 몸으로 어떻게 올라가 따먹을 수 있겠느냐고 반문했다.

그 말을 들은 왕은 장님에게 절름발이를 업게 했다. 업힌 절름발이의 손이 과일까지 닿는 것을 확인한 왕은 그들에게 벌을 주었다.

인간은 육체나 정신 중에서 한 가지만 가지고는 아무것도 할 수 없다. 육체와 정신의 힘을 합쳐야만 좋은 일이든 나쁜 일이든 비로소 해낼 수가 있다.

309
 개의 합창

개 한 마리가 짖기 시작하면 다른 개들도 따라 짖는다.

310
• 아버지의 유서

시골에 살고 있던 현명한 아버지가 아들을 예루살렘에 있는 학교로 유학 보냈다. 아버지는 중병에 걸리자 다음과 같은 유서를 남겼다.

'나의 모든 재산은 우리 집 하인에게 물려주도록 한다. 내 아들에게는 모든 재산 중에 하나만을 선택해서 가질 수 있는 권한을 부여한다.'

아들은 아버지의 사망 소식을 듣고 달려왔고, 아버지의 유서를 보았다. 장례식을 마치고 아들은 앞으로의 일을 생각해보았다. 아무래도 랍비를 찾아가 조언을 구하는 것이 좋을 것 같았다.

"왜 아버지가 저한테 재산을 남기지 않았을까요?"

곰곰이 생각에 잠겨 있던 랍비가 그 참된 뜻을 이렇게 풀이해 주었다.

"만약 먼 곳에 있는 아들에게 모든 재산을 남기겠다고 한다면 하인은 아들이 오기 전에 재산을 가지고 도망을 갈지도 모릅니다. 그러나 재산을 모두 받게 되었기 때문에 하인은 재산을 잘 보전한 거지요."

뒤 이어 랍비는 말했다.

"당신은 아버님의 유산 중에서 하나를 고를 수 있는 권한이 있습니다. 모두 아버지가 당신을 위해 남겨둔 것이지요."

마침내 아버지의 참뜻을 깨달은 아들은 하인을 유산으로 선택했다.

311
몸과 지갑

몸은 마음이 좌우하고, 지갑은 크기가 좌우한다.

312
• 랍비의 고뇌

바람도 없는 더운 날이 며칠 계속되었다. 그늘에 가만히 앉아 있어도 땀이 주룩주룩 흐르는 어느 날이었다.

"선생님, 선생님! 큰일 났습니다. 선생님!"

농부가 랍비를 찾아왔다.

"무슨 큰일이 났단 말인가?"

깜짝 놀란 랍비가 다그쳐 물었다.

"저는 집 마당에 큰 닭장을 만들어서 닭을 키우고 있습니다. 키우는 닭이 꽤 됩니다. 그런데 멀쩡하던 닭들이 갑자기 병에 걸려서 지난 사흘 동안에 30마리나 죽었답니다. 이를 어쩌죠? 뭐 좋은 방법 없나요?"

"바람도 없고, 이렇게 더우니 돌림병에 걸린 게로군. 이거 정말 큰일 났군, 음……."

잠시 생각에 잠겼던 랍비가 농부에게 말했다.

"모든 병엔 청결이 최고일세. 그러니 닭장을 깨끗하게 청소하고, 지푸라기도 새것으로 갈아 주게."

"네!"

농부는 벌떡 일어나 부리나케 집으로 돌아갔다.

다음날, 농부가 다시 랍비를 찾아왔다.

"저는 어제 집에 가자마자 선생님께서 시키신 대로 닭장을 깨끗하게 청소했습니다. 그리고 지푸라기도 새것으로 갈아주었지요. 그런데 오늘 아침에 일어나 보니, 닭 10마리가 또 죽었지 뭡니까? 선생님, 더 좋은 방법은 없나요?"

"더 좋은 방법이라……."

잠시 생각에 잠겼던 랍비가 농부에게 말했다.

"닭장에 있는 모이통과 물통은 깨끗한가?"

"깨끗하지는 않습니다만……."

"여보게, 어서 가서 모이통과 물통에 들어 있던 것들을 모두 비우고, 깨끗하게 소독하게. 그리고 모이와 물을 모두 새것으로 주게."

"네, 선생님!"

농부는 벌떡 일어나 부리나케 집으로 돌아갔다.

다음 날에도 농부는 울상이 되어서 랍비를 찾아왔다.

"저는 어제 집에 가자마자 선생님께서 시키신 대로 닭 모이통과 물통에 들어 있던 것들을 비우고, 깨끗하게 소독했습니다. 그런 뒤에 모이와 물을 새것으로 주었지요. 그런데 오늘 아침에 일어나 보니, 닭 10마리가 또 죽었지 뭡니까? 선생님, 더 좋은 방법은 없나요?"

농부가 랍비에게 또 물었다.

"좋은 방법이야 얼마든지 있지. 한데 여보게, 자네 집에 아직도 닭이 남아있나?"

"네에?"

313
• 복된 세상

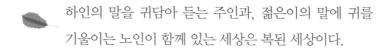 하인의 말을 귀담아 듣는 주인과, 젊은이의 말에 귀를
기울이는 노인이 함께 있는 세상은 복된 세상이다.

314
· 공정한 거래

한쪽은 값을 내려 팔거나 경품을 붙여 파는 것은 물건을 사가는 손님 쪽에 이익이 되므로 좋은 일이라고 주장했다. 또 한쪽은 손님을 끌려고 제값을 받지 않거나 경품을 붙이는 것은 불공정한 상행위라고 지적했다.

결정은 '물건을 사는 손님이 이익을 얻게 되는 일이라면 불공정한 거래가 아니다'라고 내려졌다.

315
· 랍비의 교육관

랍비가 가르침을 받으라고 아들을 키스다에게 보냈다.

"제가 왜 그분에게 배워야 하나요? 그분은 언제나 세속적인 것에 대해서만 이야기한단 말이에요."

아들은 이렇게 불평하다가 마지못해 키스다에게로 갔다. 랍비는 가르침을 받고 돌아온 아들에게 무엇을 배웠는지 물었다. 아들은 키스다가 시종일관 인간의 몸에 대한 이야기만 해주었다고 답했다. 그러자 랍비가 웃으며 말했다.

"그건 건강에 대한 이야기지, 세속적인 이야기가 아니구나. 앞으로 그에게 더 많은 가르침을 받아도 되겠어."

316
· 자기희생보다 나쁜 세 가지

 자신의 생명을 보존하는 것은 무엇보다도 선행되어야 할 가치다.

다만 다음의 세 경우에는 차라리 자기를 희생하는 편이 낫다.

첫째, 남을 죽일 때.

둘째, 불순한 성관계를 맺을 때.

셋째, 근친상간을 할 때.

317
● 랍비의 가르침

🍂 거리에서 사과를 파는 가난한 여자가 있었다. 그녀는
랍비가 사는 집 근처에 사과 노점을 차렸다. 하루는 그
녀가 원망하는 말투로 랍비에게 말했다.

"선생님, 저는 돈이 없어 안식일을 준비하지 못하고 있습니다."

그러자 랍비가 답했다.

"그럼 네 사과를 팔면 되지 않느냐?"

"손님들은 제 사과가 맛이 없다며 사지 않으려 합니다."

이 말을 들은 랍비는 길거리에서 큰 소리로 외쳤다.

"누가 여기 맛있는 사과를 살 분 계시오?"

랍비의 말이 끝나기 무섭게 많은 이들이 벌떼처럼 몰려들었다. 그리고 사과를 자세히 보지도 않고 너도 나도 사과를 사갔다. 사과는 하나도 남김없이 다 팔렸고 여자는 많은 돈을 손에 쥐게 되었다.

"이제 이해하겠느냐? 너의 사과는 아주 맛있는 사과다. 이처럼 잘못은 인간들이 제대로 알지 못하기 때문에 생기는 것이다."

318
● 인간 창조의 겸허한 이유

〈성경〉에 의하면, 이 세상의 만물은 엿새에 걸쳐 창조되었다. 인간은 그 중 맨 마지막 날에 만들어졌다. 인간이 맨 마지막 날에 창조된 이유를, 〈탈무드〉는 이렇게 설명하고 있다.

"파리조차도 인간보다 먼저 만들어졌다는 것은 인간이 결코 오만해지거나 교만해져서는 안 된다는 뜻이다."

319
인간의 가치

나무는 그 열매를 보면 알 수 있듯이, 인간은 그가 이룩한 업적을 보면 알 수 있다.

320
공손함의 힘

술을 대접하는 인간의 자세가 공손하면, 맛없는 술이라도 좋은 술이 된다.

321
친구와 거지

사회적으로 저명한 두 친구가 거리를 걷다가 거지를 만났다. 두 친구중 한 친구가 거지에게 돈을 주었다. 그러자 옆에 있던 친구가 말했다.

"그렇게 인간들이 보는 앞에서 돈을 주려면 차라리 안 주는 편이 좋았을 걸세."

322
• 새의 충고

어느 날 사냥꾼은 70가지의 말을 하는 새를 잡았다.
새가 사냥꾼에게 애원했다.

"저를 풀어주세요. 대신 제가 세 가지 충고를 해 드릴게요."

"그 충고란 무엇이지? 내게 그걸 말해준다면 널 풀어준다고 맹세하지."

"첫째, 자신이 한 일을 후회하지 마세요. 둘째, 주변에서 당신에게 뭐라고 하던 스스로 불가능하다고 생각하는 일이라면 믿지 마세요. 셋째, 당신이 오르지 못할 나무는 오르려고 힘을 낭비하지 마세요."

새의 말을 들은 사냥꾼은 약속대로 새를 풀어주었다. 자유로운 몸이 된 새는 높은 나무 위로 날아가 사냥꾼에게 말했다.

"당신은 참 바보로군요. 제 입 속에 들어 있는 귀중한 진주를 못 알아보다니요."

화가 난 사냥꾼은 다시 새를 잡으려고 새가 앉아 있는 나무를 오르기 시작했다. 하지만 반 정도 가서 그만 나무에서 떨어져 다리를 다쳤다.

새는 그에게 조소하며 말했다.

"당신은 너무 어리석군요. 제가 방금 당신에게 했던 충고를 잊어버리다니요. 일단 자신이 한 일에 대해서는 후회하지 말라고 했는데 당신은 저를 풀어주고 나서 바로 후회하기 시작했어요. 그리고 주변에서 당신에게 뭐라고 하던 스스로 불가능하다고 생각하는 일이라면 믿지 말라고 했는데도 당신은 너무 쉽게 믿어버렸어요. 또한 오르지 못할 나무는 오르지 말라고 일렀는데도 당신은 저를 잡기 위해 나무를 오르다가 떨어져 다리를 다쳤잖아요?"

말을 마친 새는 홀연히 날아가버렸다.

323
• 인간의 분류

어느 날, 제자가 랍비에게 물었다.

"선생님, 인간은 몇 가지 종류로 나눌 수 있습니까?"

랍비가 제자에게 대답했다.

"나는 하느님이 지은 인간인데, 내가 어찌 인간을 나눌 수 있겠는가. 하지만 법과 질서를 기준으로 한다면 다음과 같이 네 가지로 나눌 수 있다네. 첫 번째 종류의 인간은 내 것은 내 것이고, 네 것도 내 것이라고 하는 이기적인 인간이라네. 두 번째 종류의 인간은 내 것은 내 것이고, 네 것은 네 것이라고 하는 일반적인 인간이지. 또 세 번째 종류의 인간은 내 것은 네 것이고, 네 것은 내 것이라고 하는 별난 인간이라네. 마지막으로 네 번째 종류의 인간은 내 것은 네 것이고, 네 것도 네 것이라고 하는 정의감이 있는 인간이라네. 이 네 가지 종류의 인간 중에서 어떤 종류의 인간이 옳고, 어떤 종류의 인간이 그른지는 자네가 판단하고 선택할 몫이라네."

324
정직한 인간, 사악한 인간

내세에서 하느님은 인간들의 사악한 힘을 제거하실 것이다. 그러면 정직한 인간은 큰 산을 볼 것이고, 사악한 인간은 작은 솜털을 보게 될 것이다. 그리고 그 둘은 울음을 터트릴 것이다. 정직한 인간은 울면서 "내가 어떻게 이처럼 큰 산을 정복했을까?"라고 말하지만, 사악한 인간은 "내가 어떻게 이따위 솜털조차 정복하지 못했을까?"라고 말할 것이다.

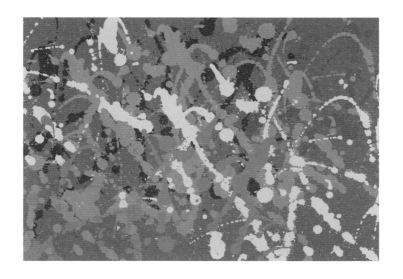

325

● 갑과 을의 판결

갑과 을이 있었다. 어느 날 갑이 을에게 물레방아를 빌려주었다. 을이 갑의 물레방아를 사용하는 대신, 갑의 곡식을 모두 무료로 찧어주는 것을 조건으로 삼았다.

그러는 동안에 갑은 많은 돈을 벌어서 다른 물레방아를 몇 개 더 샀기 때문에, 곡식 찧는 일을 을에게 맡길 필요가 없게 되었다.

상황이 이렇게 바뀌자, 어느 날 갑은 을에게 가서 임대료를 돈으로 달라고 했다. 그러나 을은 갑의 곡식을 찧어주는 것을 임대료 대신으로 하고 싶어 했다.

〈탈무드〉는 다음과 같이 판결했다.

만일 을이 갑의 곡식을 찧어주지 않고서는 임대료를 지불할 능력이 없다면, 처음 했던 계약대로 임대료 대신 갑의 곡식을 계속 찧어주어야 한다. 그러나 갑이 아닌 제3자의 곡식을 찧어서 번 돈으로 임대료를 지불할 수 있다면, 돈으로 지불해야 한다.

326
● 시골 랍비와 도시 랍비

시골에 살던 랍비가 도시에 사는 랍비의 초청을 받았다. 도시에 사는 랍비는 시골에서 온 랍비를 보고 깜짝 놀라 물었다.

"여보게, 자네는 왜 이런 누더기 같은 옷을 입고 이 화려한 도시에 왔나?"

그러자 시골에 사는 랍비가 대답했다.

"여보게, 난 이 도시가 처음일세. 그리고 이 도시에 내가 아는 이라곤 자네밖에 없네. 그런데 내가 무슨 옷을 입든 별로 상관없지 않은가?"

몇 달 뒤, 이번에는 도시에 살던 랍비가 시골로 랍비를 찾아갔다. 그런데 이번에도 시골에 사는 랍비는 누더기를 입고 있었다.

"아니, 여보게. 자네 누더기 같은 옷을 아직도 입고 있나? 그래도 이 마을에서는 자네가 존경을 받는 선생인데, 왜 이런 꼴로 지내는가?"

그러자 시골에 사는 랍비가 대답했다. "이 마을에서는 내가 랍비라는 걸 모르는 자가 없어. 그러니 내가 무슨 옷을 입고 다니든 아무 상관이 없다네."

327
• 생명의 가치

 너와 네 이웃의 생명은 모두 똑같이 소중하며, 네가 무엇을 필요로 하는 것처럼 네 이웃도 똑같이 무언가를 필요로 한다.

자신의 만족을 채우기 위해서는 재산을 가족, 친구, 사회에

기증하고 끊임없는 노력을 기울여야 한다. 또한 자신만 생각할 것이 아니라 타인을 배려할 줄 아는 아량도 키워야 한다. 자아실현은 타락한 세상 밖이나, 혼자만의 세계에 있는 것이 아니라 사회생활에 적극적으로 참여하고 세상에 공헌할 때 가능하다.

328
● 생명은 모두 소중하다

심한 병에 걸린 환자가 있었다. 그는 어떤 새로운 약을 구해 먹지 않으면 치료할 수 없는 지경에 이르렀다. 그런데 그 약은 좀처럼 구하기가 어려운 약이었다. 생산량이 적은 데 비해 수요가 너무 많았기 때문이었다.

사정이 다급해지자, 환자의 가족이 랍비를 찾아가 그 약을 구해 달라고 간청했다. 랍비는 곧 자신의 친구인 의사에게 연락하여 환자를 살려줄 수 없느냐고 진심으로 부탁했다. 그러자 의사가 이렇게 말했다.

"만약 자네 부탁대로 그 약을 구해준다면, 그 약을 구하지 못하는 누군가가 생길 것이네. 그러면 그로 인해 또 다른 환자가 죽을지도 모르네. 그런데도 자네는 약을 꼭 구해서, 자네가 아는 환자 가족에게 주어야겠는가?"

자신의 생명을 구하기 위해 남을 죽여서는 안 된다. 어떻게 자기의 피가 다른 인간의 피보다 더 붉다고 할 수 있는가? 어느 누구의 피도 다른 인간의 피보다 더 붉을 수는 없는 것이다.

329
• 노동의 의미

이 세상 최초의 인간은 빵 한 쪽을 얻기 위해 얼마나 노력했을까?

먼저 밭을 간 다음, 씨를 뿌렸다. 그리고 밭을 가꾸고, 한참이 지난 후에 수확했다. 다시 수확한 것을 갈아 가루로 만든 다음, 그것을 반죽하여 구워먹었다.

그러나 지금은 돈만 있으면 어디에서나 이미 구워진 빵을 쉽게 살 수 있다. 옛날에는 혼자서 했던 모든 일을 요즘에는 여러 인간이 나누어 하고 있기 때문이다.

따라서 우리는 빵을 먹을 때마다 수많은 이들의 노고에 감사하는 마음을 가져야 한다.

330
• 유혹을 물리친 아들

옛날 이스라엘의 다마라는 동네에 한 착한 아들이 살고 있었다. 그에게는 엄청나게 값이 나가는 다이아몬드가 한 개 있었다.

어느 날, 사원을 장식하는 데 쓸 보석을 찾고 있던 랍비가 그 소문을 듣고 찾아왔다. 많은 돈을 줄 테니 그가 갖고 있는 다이아몬드를 팔라고 제안했다.

그때, 마침 그의 아버지는 다이아몬드를 보관해둔 금고 열쇠를 베개 밑에 넣어둔 채 낮잠을 즐기고 있었다. 그는 랍비가 주겠다는 돈의 유혹을 뿌리치며, 이렇게 대답했다.

"아버지께서 지금 주무시고 계셔서 안되겠습니다. 저는 다이아몬드를 팔자고 아버지를 깨울 수 없습니다."

랍비는 비록 원하는 다이아몬드는 구하지 못했지만, 그의 효심에 감탄한 나머지 인간들에게 이 이야기를 널리 전했다.

331
• 돈의 의미

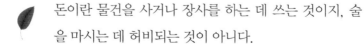 돈이란 물건을 사거나 장사를 하는 데 쓰는 것이지, 술을 마시는 데 허비되는 것이 아니다.

332
* 기쁨은 나누면 배가 되고
  슬픔은 나누면 절반이 된다

어느 날 하느님이 말씀하셨다.

"병문안은 아무리 많이 가도 제한이 없다."

랍비 요세프가 덧붙여 말했다.

"병문안을 가면 무한한 보상을 받게 된다. 위대한 인물일수록 자신보다 못한 인간의 병문안을 많이 가야 한다" 또한 랍비는 "하루에 백 명의 병자를 찾아가는 자도 있다"라고 말했다.

333
• 도둑과 도둑님

도둑도 도둑질을 하지 않을 때는 자신을 도둑이라고 생
각하지 않는다.

334
• 유유상종은 통한다

동물들은 유유상종이다. 늑대가 양과 함께 어울려 사는
법은 없으며, 하이에나가 개와 함께 사는 법도 없다. 부
자와 가난한 인간의 생활도 마찬가지다.

335
• 근묵자흑

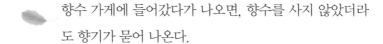
향수 가게에 들어갔다가 나오면, 향수를 사지 않았더라
도 향기가 묻어 나온다.

가죽 공장에 들어갔다가 나오면, 가죽으로 만든 물건을 사지 않았더라도 역한 냄새가 난다.

336
• 부자와 노예

한 착한 부자가 노예를 풀어주었다. 그는 노예에게 '어디든지 좋은 곳으로 가서 행복하게 살라'고 하며 많은 물건을 내주었다.

노예가 배를 타고 넓은 바다로 나아가자 심한 폭풍우가 몰아쳤다. 그 바람에 배가 침몰하여, 배에 가득 실었던 물건들이 모두 바닷속에 잠기고 말았다.

운 좋게도 노예는 배에서 빠져나와 열심히 헤엄을 친 끝에 가까운 섬에 도착하게 되었다. 어느 정도 시간이 지난 후, 정신을 차린 노예는 섬 주변을 살펴보다가 큰 마을을 발견했다. 이때 그는 옷을 하나도 걸치지 않은 벌거숭이 신세였다.

그가 마을에 다다르자 인간들이 모두 환호성을 지르기 시작했다.

"임금님 만세!"

그는 생각지도 못했던 임금의 자리에 올라, 호화스런 궁전에서 살게 되었다. 그 생활은 마치 꿈만 같았다.

도저히 믿을 수 없는 현실에, 그는 한 인간을 붙잡고 물어보았다.

"알거지나 다름없는 내가 이곳에서 왕이라니, 도대체 어찌

된 일인가?"

그러자 그는 대답했다. "이곳은 영혼의 세계입니다. 그래서 일 년에 한 번씩, 산 인간이 이 섬에 나타나면 임금님으로 모십니다. 그러나 염두에 두십시오. 일 년이 지나면 당신은 이 섬에서 쫓겨나 생물이나 먹을 것이라곤 찾아볼 수 없는 외딴 섬으로 보내지게 될 것입니다."

임금이 된 노예는 그의 말이 고마웠다.

"정말 고맙구려. 지금부터라도 일 년 뒤를 대비해서 여러 가지 준비를 해야겠네."

그는 이후 사막과 같은 외딴 섬에 가서 꽃도 심고 과일나무도 심기 시작했다.

마침내 일 년이 지났다. 그리고 노예는 임금의 자리에서 쫓겨나, 처음 그 섬에 도착했을 때처럼 벌거숭이인 채로 외딴 죽음의 섬으로 떠나게 되었다.

그러나 그가 외딴 섬에 도착했을 때, 사막처럼 황폐했던 그 섬에는 온갖 꽃이 피고 과일이 열려 있었다. 그리고 그보다 먼저 그 섬으로 쫓겨 온 자들도 그를 반갑게 맞아주었다. 그리하여 그는 행복하게 살았다.

337
● 희망의 원리

랍비 아키바가 작은 등잔불 하나를 들고 나귀와 개를 벗 삼아 여행하고 있었다.

날이 어둑어둑해지자, 아키바는 밤의 한기를 피할 곳을 찾았다. 마침 가까운 곳에 있는 헛간 하나가 눈에 들어왔다. 그는 그 헛간에서 하루를 지내기로 작정했지만, 잠을 청하기에는 아직 시간이 일렀다.

그래서 그는 등잔불을 켜놓고 책을 읽기 시작했다. 그런데 바람이 세게 불어 등잔불이 꺼지고 말았다. 그는 할 수 없이 잠을 청할 수밖에 없었다. 그런데 그날 밤 그가 잠든 사이에 개는 여우에게 물려죽었고, 나귀는 사자에게 잡아먹히고 말았다.

다음날 아침, 그는 등잔불 하나만을 달랑 들고 외롭게 다시 길을 떠나 한 마을에 도착했다. 그런데 그곳에는 인간이라고는 그림자도 보이지 않았다. 나중에야 안 사실이지만, 전날 밤에 도적 떼들이 몰려들어 마을의 모든 것을 짓밟고, 마을 주민들을 전부 죽인 것이다.

만약 전날 밤에 등잔불이 바람에 꺼지지 않았다면, 아키바도 도적 떼에게 들켜 죽임을 면치 못했을 것이다. 그리고 만약 개가 살아 있었다면, 개가 짖어대는 소리에 그들이 몰려왔을 것이다.

또 나귀가 살아 있었다면, 역시 나귀가 길길이 날뛰어서 자신의 목숨도 안전하게 보전하지 못했을 것이다.

이 일을 겪고 난 뒤, 아키바는 다음과 같은 진리를 깨달았다.

'최악의 상황에서라도 인간은 희망을 잃어서는 안 된다. 불행이라 생각했던 일이 행운을 불러오는 경우는 얼마든지 있다.'

338
• 태어날 때와 죽을 때

인간은 이 세상에 태어날 때 두 손을 꼭 쥐고 있다. 그러나 죽을 때는 이와 반대로 두 손을 펴고 죽는다.

태어날 때는 이 세상 모든 것을 움켜잡으려고 하기 때문이고, 죽을 때는 뒤에 남아 있는 인간들에게 가지고 있던 모든 것을 내주어 빈손이기 때문이다.

339
• 랍비와 하느님

 집이 같은 방향인 두 제자가 각자 자기가 존경하는 랍비에 대해서 이야기를 나누었다.

"너 아니?"

"뭐?"

"우리 선생님은 저녁마다 하느님과 대화를 나눈다는 거 말이야."

"말도 안 돼. 그럴 리가 없어. 선생님이 하느님과 대화를 나눈다는 걸 네가 어떻게 안단 말야?"

"어제 우리 선생님이 그렇게 말씀하셨거든."

"혹시, 자네 선생님이 거짓말을 하는 거 아닐까?"

"그런 말 하지 마. 잘 생각해 봐. 하느님께서 거짓말하는 선생님과 대화를 나누시겠니?"

340
• 욕망을 지배하는 자, 지배당하는 자

 올바르지 못한 인간은 자신의 욕망에 지배당하지만, 올바른 인간은 자신의 욕망을 지배할 수 있다.

341
• 부자란 누구인가?

 부자란 누구인가? 자신의 모든 것을 기쁘게 생각하는 인간이다. 가난 자체는 미덕이 될 수 없다. 욕심이 너무 없는 것이나 과도하게 쾌락을 추구하는 것이나 모두 좋지 않다. 억지로 쾌락과 물질의 행복에서 도망가는 것 역시 죄다. 신성하신 하느님 앞에서는 슬픈 일이 없다.

342
• 부끄러움의 무지

 부끄러움을 모르는 것과 자기 자랑만 늘어놓는 것은 매한가지다.

343
• 네 가지 성격 이야기

 인간은 성격에 따라 네 종류로 나뉜다.

1. 잘 화내고 잘 풀리는 인간 : 이들이 얻는 것은 잃는 것과 비슷하다.

2. 잘 화내지 않지만 잘 풀리지도 않는 인간 : 이들이 잃는 것은 얻는 것과 비슷하다.

3. 잘 화내지 않으나 잘 풀리는 인간 : 바로 성인을 말한다.

4. 잘 화내면서 잘 풀리지 않는 인간 : 바로 악인을 가리킨다.

344
강한 인간은 적을 친구로 만든다

강한 인간은 스스로를 지배할 수 있는 인간이다. 적을
친구로 만들 수 있는 인간 역시 강한 인간이다.

345
· 좋은 감동

🌸 기억력을 높이는 가장 좋은 약은 감동이다.

346
• 내 결점을 봐라

자신의 결점에만 신경 쓰다보면 다른 인간의 결점을 보기가 어렵다.

347
• 유익한 이야기와 자선

인간들을 만나 유익한 얘기를 들으면 좋은 길이 열리고, 자선을 많이 베풀면 그만큼 널리 평화가 깃든다.

• 네 명의 제자 이야기

제자는 성격에 따라 네 종류로 나뉜다.

첫째, 빨리 배우고 빨리 잊어버리는 학생 : 얻는 것과 잃는 것이 비슷하다.

둘째, 열심히 배우고 느리게 잊어버리는 제자 : 잃는 것과 얻는 것이 비슷하다.

셋째, 빨리 배우고 느리게 잊어버리는 제자 : 똑똑한 제자이다.

넷째, 느리게 배우고 빨리 잊어버리는 제자 : 가장 불행한 제자이다.

349
• 참된 휴일

인간이 휴일을 위해 존재하는 것이 아니라, 휴일이 인간을 위해 존재하는 것이다.

350
• 현자의 세 가지 유형

현자를 찾아가는 인간들은 세 가지 유형으로 나눌 수 있다.

1. 스펀지 유형 : 무엇이든 좋다면서 무조건 흡수하려고 하는 유형이다.

2. 터널식 유형 : 한쪽 귀로 듣고, 다른 한쪽 귀로 흘려버리는

유형이다.

3. 의문이 많은 유형 : 중요한 것과 중요하지 않은 것을 꼭 걸러내려고 하는 유형이다.

351
◦ 랍비와 현명한 아내

랍비 아키바는 마흔이 되도록 한 권의 책도 남기지 않았다. 어느 날 부인이 그에게 예루살렘으로 건너가 공부를 해보면 어떻겠냐고 물었다. 그러자 아키바가 말했다.

"내 나이가 벌써 마흔이오. 내가 지금 뭘 할 수 있겠소? 남들처럼 빨리 이해도 못할 것이고 인간들의 비웃음만 살 뿐이지."

"그렇지 않아요. 제가 한번 증명해 보이죠. 제게 등에 상처가 난 당나귀 한 마리만 데려와 줄래요?"

아키바는 아내의 말대로 당나귀를 데려왔다. 아내가 당나귀의 상처에 약초를 발라 치료해주었는데 겉모습이 매우 우스꽝스럽게 보였다.

첫째 날 그들은 당나귀를 끌고 시장에 나갔다. 인간들이 그들을 보고 큰 소리로 웃어댔다. 하지만 둘째 날 그들을 본 인간들의 웃음소리가 잦아들었다. 그리고 셋째 날 그들을 보고 웃는 이가 한 명도 보이지 않았다. 아내가 아키바에게 말했다.

"이제 공부를 하러 가세요. 오늘은 그들이 당신을 비웃겠죠. 하지만 내일이 되면 아무도 당신을 비웃지 않을 거예요. 그리고 그 다음날이 되면 그들도 당신의 뜻을 존중하게 될 거예요."

352
• 노인의 진심

돼지고기와 붉은 포도주를 법으로 못 먹게 하는 나라의 노인과 돼지고기와 붉은 포도주를 법으로 먹게 하는 이웃 나라의 청년이 여행길에서 만났다.

돼지고기로 만든 두툼한 햄이 든 빵을 맛있게 먹던 청년이, 멀뚱멀뚱 앞만 바라보고 있는 노인에게 말했다.

"영감님, 햄이 아주 맛있습니다. 빵도 말랑말랑하고요. 좀 드시겠습니까?"

"아니, 난 괜찮네. 난 지금 법 때문에 먹을 수 없네, 고맙네."

노인은 정중하게 사양했다. 이번에는 붉은 포도주를 꺼내 마시던 청년이, 멀뚱멀뚱 앞만 바라보고 있는 노인에게 말했다.

"영감님, 맛이 끝내주는 포도주입니다. 이거라도 한 잔 드시겠습니까?"

"아 아니. 난 괜찮네. 그것도 법 때문에 먹을 수 없네."

청년은 물었다. "그래, 그 법은 절대로 어기면 안 되는 겁니까?"

노인은 말했다. "목숨이 위태로울 때는 그 엄격한 법을 어겨도 괜찮지."

청년은 품속에서 칼을 휙 빼들었다. 그러고는 칼끝을 노인의 옆구리에 대고 말했다.

"자, 이 포도주를 마셔요. 그렇지 않으면 내가 이 칼로 찌르겠습니다."

노인은 어쩔 수 없이 포도주를 마셨다.

노인은 청년에게 말했다. "먹음직스러운 햄이 든 빵을 먹을 때도 목숨이 위태로웠으면 한다네."

353
• 현자의 우답

한 사나이가 현인에게 질문했다.

"당신은 어떻게 해서 현인이 되셨나요?"

현자가 대답했다. "글쎄요. 식용유보다 등유에 더 많은 돈을 썼더니 현인이라 부르더군요."

354
• 하느님과 나무

 쇠붙이란 것이 처음 만들어졌을 때, 세상에 있는 모든 나무들이 두려움에 떨고 있었다.

그러자 하느님께서 나무들을 보며 이렇게 안심시켰다.

"결코 걱정할 것이 없느니라, 쇠는 너희들이 자루를 제공하지 않는 한 너희들을 해칠 수 없다."

355
• 험담이란 질병

친구에게든 원수에게든 남의 말을 옮기지 마라. 입을 다무는 것이 죄가 되기 전에는 들은 말을 누설하지 마라. 네가 수다를 떨면, 남이 너를 경계할 것이며 경우에 따라서는 너를 미워하게 될 것이다.

무슨 말을 듣거든 마음속에 묻어버려라. 그 말이 터져나올리 없으니 조금도 걱정할 것이 없다. 어리석은 자는 무슨 말을 들으면 옮기지 못해서 산고를 치르는 여자처럼 고통을 느낀다.

• 356
행복하게 사는 비결

이곳저곳을 돌아다니며 '행복하게 사는 비결'을 파는 장사꾼이 있었다. 그가 가는 곳에는 늘 많은 인파가 몰려들었고, 그 비결을 서로 사겠다고 아우성을 쳤다.

어느 날이었다. 그날도 역시 그 장사꾼은 어떤 동네의 골목에서 '행복하게 사는 비결'을 판다고 큰 소리로 외쳤다. 그러자 이번에도 많은 무리들이 모여들었다.

그들 중에는 랍비도 몇 인간 끼어 있었다. 인간들이 서로 질세라 그 비결을 사겠다고 나섰다. 그러자 장사꾼이 랍비들을 바라보며 이렇게 말했다.

"진실로 참되고 행복하게 사는 비결은 자기 혀를 조심해서 쓰는 겁니다."

357
· 하느님의 경고

하느님이 처음 인간을 창조하셨을 때 이렇게 말씀하셨다.
"나의 피조물을 보아라. 얼마나 아름답고, 웅장한지. 내가 지구에 만든 이 모든 것은 인간들을 위해 창조한 것이다. 나의 세상을 파괴하거나 훼손하지 말라. 네가 나의 세상을 파괴한다면 누구도 다시 제자리를 찾지 못할 것이다."

358
◦ 반성의 힘

 반성할 줄 아는 인간이 서 있는 땅은 위대한 랍비가 서 있는 땅보다 성스럽다.

359
● 닭의 재판

갓 태어난 아기가 요람 속에 누워 쌔근쌔근 잠을 자고 있었다. 이때 닭 한 마리가 나타나 아기의 머리를 날카로운 부리로 쪼았다. 아기는 그 상처 때문에 죽고 말았다.

닭은 재판을 받게 되었다. 그 사건을 목격했던 자들이 나서서 증언을 했다. 마침내 닭은 유죄판결을 받고 사형에 처해졌다.

아무리 하잘것없는 짐승이라 해도, 유죄가 확정되지 않는 한 함부로 처단할 수 없다.

360
● 헛된 아들 자랑

한 아버지가 아들을 입학시키러 학교로 왔다. 아버지는 아들에 대한 자랑이 대단했다.

랍비는 아들에게 문제를 냈다.

"애야, 네 아버님께서 밀가루 가게를 하신다고 치자. 그리고 이 선생님이 네 아버님 가게에서 음식 만들 밀가루를 1~2킬로그램 샀다고 하자. 밀가루 1킬로그램에 동전 두 냥 너 푼이라고 한다면 선생님은 얼마를 내야 할까?"

아들이 답했다.

"선생님께서 그런 싸구려 밀가루로 음식을 만드신다면 말도 안 되죠. 1킬로그램에 동전 세 냥짜리는 사셔야죠. 게다가 선생님께서 이웃의 어려운 인간들에게 나눠주실 음식까지 생각한다면 못해도 밀가루를 10킬로그램은 사셔야 합니다. 그렇게 계산하면 선생님은 제 아버지한테 동전 30냥을 내셔야 합니다."

랍비는 달리 할 말이 없었다.

361
• 부대장과 맥주

전선에 배속된 부대장에게 손님이 왔다. 부대장이 그 손님과 함께 식사를 하고 있을 때 당번 사병이 맥주를 날라왔다. 부대장이 그 사병에게 물었다.

"사병들 마실 것도 있는가?"

"아닙니다. 오늘은 맥주가 적어서 여기만 들여왔습니다."

그러자 부대장이 말했다.

"그렇다면 오늘은 나도 마시지 않기로 하지."

362
• 살인보다 무서운 죄

어느 날 제자가 랍비에게 물었다.

"세상에서 인간을 해치는 것보다 더 큰 죄는 무엇입니까"

랍비가 제자에게 말했다.

"속임수를 써서 남을 헐뜯는 중상모략이다. 중상모략은 칼로
인간을 해치는 것보다도 죄가 더 크다. 칼은 갖고 다니지 않으면

인간을 해칠 수 없지만, 중상모략은 멀리에서도 인간을 해치기 때문이다. 또한 불이 활활 타오르는 장작더미는 물을 끼얹어 끌수 있지만, 중상모략으로 피해를 본 자들에게 잘못했다고 빌고 또 빌어도 그들의 마음속에서 활활 타고 있는 불을 끌 수가 없다."

363

항아리에 대한 단상

항아리는 동전이 몇 개 되지 않으면 시끄럽게 소리가
나지만, 가득 차면 오히려 조용하다.

364
• 선행의 대가

눈먼 거지가 인적이 드문 거리의 모퉁이에 앉아 있었다. 마침 그곳을 지나가던 두 사나이가 거지를 발견했다. 한 사나이는 동전을 꺼내 그에게 주었지만, 한 사나이는 아무것도 주지 않았다. 그러자 갑자기 죽음의 사자가 나타나 두 사나이에게 말했다.

"이 가없은 거지에게 동전을 베푼 자는 앞으로 50년 동안만 나를 두려워하면 된다. 그러나 자선을 베풀지 않은 한 인간은 곧 죽게 될 것이다."

그러자 동전을 주지 않았던 사나이가 당황하며 말했다.

"지금 당장 돌아가서 그 거지에게 동전을 베풀고 오겠습니다."

"소용없다. 배를 타고 바다로 나아갈 때 배 밑바닥에 구멍이 뚫렸는지 아닌지를 미리 조사한 자와 이미 바다에 나간 다음 조사하는 자가 똑같을 수 있겠는가?"

365
● 랍비의 수행

유대인 랍비 힐렐이 수업을 마쳤을 때 한 제자가 물었다.
"선생님, 어디 가십니까?"

"종교적인 책무를 수행하기 위해 가는 길이란다."

"종교적인 책무란 무엇입니까?"

"목욕탕에서 몸을 씻는 일이다."

랍비의 말에 제자가 의아한 눈빛으로 물었다.

"그게 어떻게 종교적인 책무란 말씀입니까?"

랍비는 진지한 자세로 이렇게 답했다.

"거리에 세워진 왕의 동상을 청소하는 자는 보수도 챙기고 높은 인간들과 친분도 쌓을 수 있다. 그런데 하느님의 형상을 본떠 만들어진 인간이 자신의 몸을 제대로 돌보지 않는다면 말이 되겠느냐?"